어느 노목사의 새벽 산책

좀 더 가까이

주께 더 가까이

어느 노목사의 새벽 산책

2014년 12월 26일 인쇄
2014년 12월 30일 발행

지은이 | 김성환
펴낸이 | 김영호
펴낸곳 | 도서출판 동연
등록 | 제1-1383호(1992. 6. 12.)
주소 | 서울시 마포구 월드컵로 163-3(우 121-826)
전화 | (02) 335-2630
팩스 | (02) 335-2640
이메일 | yh4321@gmail.com

ISBN 978-89-6447-264-4 03200

어느 노목사의 새벽 산책

김성환 지음

동연

| 책을 펴내며 |

아버지를 그리며

딸 김경아

아버지께서 떠나신 지 두 달이 되었습니다. 이제는 주님 곁에서 미소 지으며 우리를 지켜보시겠구나 생각하니 마음 한구석이 아프기도 하지만 한편 든든하기도 합니다. 아버지가 엄마 돌아가시고 먹먹한 마음을 일기로 쓰셨던 글을 모아 책으로 내면서 저와 아버지와의 추억을 떠올려 봅니다.

어린 시절엔 아버지와 많은 것을 함께 했습니다. 맑은 개울에서 가재 잡으며 놀기도 하고 이곳저곳 여행도 다녔습니다. 특히 기억나는 여행지 가운데 하나는 울릉도입니다. 가는 길엔 몰아치는 파도 때문에 멀미로 고생했고, 그 고생을 잊어버릴 만큼 맛있는 오징어를 배가 터지도록 먹었고, 먹다가 질려서 한동안 오징어가 보기도 싫었던 흔치 않은 경험을 하기도 했습니다. 또한 목회하기 전에 근무하시던 기독교서회 근처 중국집에서 동생은 자장면, 저는 군만두를 먹는 게 우리에게 큰 기쁨이었던 것도 생각납니다.

목회를 시작하시면서부터 아버지에게는 교회와 교인이 전부였다는 생각이 듭니다. 새벽과 밤에는 기도로, 낮에는 교인들을 심방하며 살아가셨습니다. 믿음의 평생 동지인 엄마와 함께 교회와 교인 걱정하는 대화를 방문 너머로 들을 수 있었습니다. 아버지는 과묵하신 편이셔서 목회하면서 겪는 어려움을 잘 표현하지 않으셨고 혼자 헤쳐나가려는 면이 많았던 것 같습니다.

아버지는 저에게는 가장 가깝고 훌륭한 조언자셨습니다. 지금도 기억나는 말씀이 있습니다. "경아야, 앞으로 네가 인생을 살아가는데 무엇을 하느냐도 중요하지만, 어떻게 살아가느냐가 더욱 중요하단다. 무슨 일을 하는가보다 어떤 사람으로 살아갈 것인지를 기도하렴." 이 말씀은 듣는 순간 저는 인생을 좀 더 진지하게 살아야겠다고 다짐했고, 지금도 어떤 사람으로 살아가는 것이 하나님께서 원하시는 것일까를 물으며 살아가고 있습니다. 또한 제가 대학입시 1차에서 낙방했을 때는 장문의 편지로 "지금은 힘들겠지만 곧 지나간다. 어떤 결정을 하든지 네가 하고 싶은 것을 해라." 하며 위로해 주셨습니다. 아버지의 편지가 힘이 되어서 저는 제가 선택한 길을 주저하지 않고 갈 수 있었습니다. 아버지는 제 삶의 순간에 그 누구보다 많은 영향을 끼치셨던 분이셨습니다.

목회하시면서 운동을 거의 하지 않던 아버지는 은퇴 후에 열심히 운동하셨습니다. 한번 마음을 먹고 시작하면 성실하게 살아가시는 아버지는 우리에게 짐이 되지 않기를 원하시며 거의 하루도 빠짐없이 운동을 하셨습니다. 엄마가 살아 계실 때는 두 분이 함께 운동하는 것을 보고 주변 사람들이 잉꼬부부라고 부러워했다는 이야기도 들었습니다. 목사라는 직업 때문일 수도 있지만 두 분은 늘 같이 다니셨습니다. 이 세상에서 가장 친한 친구였습니다. 이렇게 가장 친한 친구를 여의고 난 후에 아버지는 일기를 쓰며 마음에 위로를 받으셨던 것 같습니다. 일기와 편지를 쓰면서 삶의 활력을 찾아가기 시작하셨고 올해에는 더욱 열심히 합창단 활동도 하시고 복지관에서 공부도 하시고 친구들과 만나시면서 건강하게 지내셨습니다. 여름에는 친구들과 저희 집에 오셔서 밤늦도록 이야기꽃을 피우시며 행복해하시던 모습이 지금도 생생합니다.

그랬는데 지금은 아버지께서 계시지 않습니다. 아버지의 글과 추억만이 남아 있습니다. 그래도 아버지를 기억하고 마음을 헤아릴 수 있는 글이 있어서 얼마나 감사한지요. 하나님과 자연과 인간을 사랑했던 노목사의 마음이 이 글을 읽는 독자들에게 전달되기를 바랍니다.

나의 사랑하는 아버지 김성환 목사님을 생각하면서

아들 김경세

마태복음 9장36-38절을 보면, 예수께서 “무리를 보시고 불쌍히 여기시니 이는 그들이 목자 없는 양과 같이 고생하며 기진함이라”는 말씀이 나오고 이어서 “제자들에게 이르시되 추수할 것은 많되 일꾼이 적으니 그러므로 추수하는 주인에게 청하여 추수할 일꾼들을 보내 주소서 하라"는 말씀이 나옵니다.

예수님 당시 유대사회에 소위 사람들이 말하는 일꾼이 없었던 것은 아닙니다. 제사장과 장로들이 있었고, 하나님 말씀에 철저하다고 자신하던 바리새인들, 그 외에 랍비와 율법학자들, 사회 지도층의 사람들이 많이 있었습니다. 그러나 예수님의 눈에 비친 유대사회는 믿고 맡길 일꾼이 적은 사회였습니다.

오늘날 우리 시대도 예수님 시대와 별로 다른 것이 없습니다. 오늘날 주위를 둘러보면, 어찌 그리 신학교와 교회가 많은지 일 년에 수천 명의 신학도와 목회자가 쏟아져 나오고 있습니다. 그러나 그들은 다 어디 있는지, 오늘날 우리 사회는 아파하는 영혼, 우울한 영혼, 지치고 병들어 있는 영혼들이 점점 증가하고 있습니다. 한 사람의 참 목회자가 아쉬운 시대입니다. 이런 시대에 여기 한 사람의 참 목회자를 독자 여러분께 소개하고 싶습니다. 40년 목회 인생길을 묵묵히 걸어가셨던 김성환 목사님입니다. 이분은 저의 아버지이기도 하십니다.

아버지는 1933년 1월 1일 일제강점기에 10남매 중 둘째로 태어나서, 어려운 소년기를 보냈습니다. 10리 길을 걸어서 새벽기도회를 열심히 참석하던 가운데 중학교 때 목회에 대한 부르심을 받게 되었습니다. 아버지는 어려서 대한예수교장로회(고신)에서 신앙생활을 했으나 뜻한 바가 있어서 한국신학대학교에서 신학을 하고 한국기독교장로회 목사가 되었습니다.

아버지는 목회를 하면서 결코 현실과 타협하지 않았습니다. 유신

시절 교회에 형사들이 예배시간에 참석해서 주목하는 가운데에서도 할 말이 있으면 하는 목회자였습니다. 강단에 설 때 사람이 듣고 싶어하는 메시지를 준비하지 않고 언제나 하나님이 바라시는 메시지가 무엇인지 생각하고 전하는 목회자였습니다. 아버지의 화두는 언제나 '예수님이라면 어떻게 하셨을까!'였고, 목회 기준은 오직 성경이었습니다. 아버지는 언제나 교회 강단에 설 때 예수님 앞에서 설교하는 심정으로 강단에 선다 했습니다.

아버지는 말만 하는 목회자가 아니었습니다. 강단에서 설교했으면 자신의 삶을 말씀에 비춰 말씀대로 살려고 노력했습니다. 이런 강직한 모습으로 인해 사람들에게 때로는 모함과 오해도 받았지만, 결코 누구를 원망하거나 이를 위해 변명하거나 타협하지 않았습니다. 오히려 문제가 있을 때마다 묵묵히 기도하는 모습을 보였습니다.

아버지는 평생 기도하는 일에 게을리 하지 않았습니다. 무엇보다 은퇴하기 전 거의 평생을 밤 11시 이후에 집에서 편하게 주무신 적이 없었습니다. 언제나 교회 강단에 엎드려 이 나라와 이 민족을 위해, 교회와 교인들을 위해 기도하는 목회자였습니다. 아버지는 또한 사랑이 넘치는 목회자였습니다. 어려운 일을 당한 교우들의 사정을 알게 되면 언제나 그들을 심방하고, 주님께 기도하면서 문제 해결을 위해 다른 사람들 모르게 물심양면으로 도와주는 목회자였습니다. 아버지는 하나님의 부르심을 받아 그분의 품에 계시지만 지금도 가끔 사람들을 만나 아버지에 관한 대화를 나누면 어김없이 들려오는 말이 "진짜 목사였다."는 말입니다.

이 책에 수록된 글들은 아버지께서 교회를 은퇴하고 2012년 10월부터 2014년 10월까지, 약 2년간에 기록하신 글들을 수집한 것입니다. 이 글들은 누군가에게 보여 주기 위해 일부러 작성된 글이 아닙니다. 아버지께서 살면서 평소에 하시던 생각과 기도문, 시 등을 수집한 것입니다. 처음에는 이 글들을 모아 가까운 가족과 친지들을 위한 소책자로 만들려고 계획하다 이렇게 출판까지 하게 되었습니다.

저의 개인적인 바람은 이 책을 통해 독자들이 이 글들을 기록한 나이 많은 목회자의 심정에 공감하게 되기를 바랍니다. 그래서 독자 여러분의 삶이 좀 더 하나님을 생각하는 삶, 하나님과 동행하는 삶이 되었으면 하는 바람을 갖습니다.

| 차례 |

• 일러두기

시에 작성한 날짜가 없는 것은 그대로 두었습니다. 고인이 일기처럼 쓰신 글이라 제목이 없는 글도 여럿이었으나 후에 첨가했습니다.

2012. 10. 20.

새로 열린 하루

사랑하는 마음으로
세상을 볼 수 있다는 것은 축복입니다.
따뜻한 손길이 함께 하고 있음을
느끼며 살아갈 수 있음이 행복입니다.
비록 아픔이 있어도
부족함이 많아도
새롭게 열어 주시는
새로운 하루가 있기에 감사합니다.
주님의 눈으로 보면
항상 기뻐하라
쉬지 말고 기도하라
범사에 감사하라는 말이 맞습니다.
오늘도 임마누엘 하시는
주님으로 행복하고 감사합니다.

새벽길을 오르며

새벽길을 갑니다.

낙엽이 떨어져 쌓인

낙엽 길을 갑니다.

80의 노인이 된 나그네

싸늘해져 가는 세월을 느끼며

언덕길을 갑니다.

어둑어둑한

고갯길을 넘으며

가쁜 숨을 밟으며 갑니다.

그래도 감사합니다.

주님을 바라보며 가는 길

따스한 주님의 체온을 느끼며

은혜로 갈 수 있게 하셨으니 감사합니다.

내가 길이요 진리요 생명이라 하셨으니

이 길을 밝혀 주옵소서.

2012. 10. 24.

뜨겁게 흐르는 눈물

주님, 내 눈에서 눈물이 흐릅니다.
빰으로 흘러내리는 눈물이 바닥으로 떨어집니다.
왜 눈물이 나는지 알 수 없습니다.
슬퍼서 우는 것이 아닙니다.
회개의 눈물도 아닙니다.
'주님' 이름을 부른 것밖에 없는데
뜨거운 눈물이 솟아 흘러내립니다.
왜 그런 것인지 알 수 없습니다.
그러나 주님, 이렇게 눈물이 흐르는 것이 좋습니다.
주님이 그립고
주님을 사랑하는 마음이 일기 때문입니다.
마음이 황폐해질 수 있는데
강퍅한 마음이 사막처럼 될 수 있는데
숲속 계곡에서 흘러나오는 맑은 물줄기처럼
눈물로 마음을 적셔 주시고
지친 심령 쉼을 얻고 새 힘 얻게 하시니 감사합니다.
감사, 감사, 감사합니다.
뜨거운 눈물에 콧물까지 섞여 흐르게 하신 눈물
주님 감사합니다.

2012. 11. 3.

하나님이 내게 주셔야

우리는 한 번뿐인 인생을 살아가고 있습니다.

어제 낙엽을 밟으며 산에 오르다가 내년에는 이 낙엽을 보지 못할 수도 있겠다, 이 가을의 아름다운 경치를 다시 보지 못할 수도 있겠다는 생각을 했습니다.

우리는 내일이 있으며 내년이 있으리라 생각합니다. 그것을 당연한 일로 여깁니다.

그러나 내일은 내 것이 아닙니다.

더더욱 내년은 어떻게 될지 모릅니다. 하나님이 내게 주셔야 내 것이 될 수 있는 것입니다. 만일 그렇다면, 오늘뿐이라면 어떻게 살아야 할까요?

후회 없이 또 최선을 다하며 살아야 하겠지요.

마지막 날, 마지막 시간을 최고의 것으로 채워야 하지 않을까요. 최고의 것이 무엇일까요?

하나님 감사했습니다.

사랑해 주심 때문에 행복합니다.

사랑합니다, 하고 감사의 미소를 지어야 하지 않을까요.

2012. 11. 8.

주님이 주시는 새 하루

아직도 어두운 시간
오르는 산길이 조용합니다.
단풍의 고운 빛깔도 볼 수 없고
산새 우는 소리도 없습니다.
이 길을 주님과 함께 오릅니다.
감사합니다.
언덕을 주님과 오를 수 있게 하시니 감사합니다.
돌부리, 나무뿌리에 걸려 넘어지지 않게 하셨으니 감사합니다.
안개로 시야가 흐리지만
안개 속에 퍼지는 단풍의 가을 냄새가 향기롭습니다.
안개를 거두어 내며 새롭게 열려 오는 숲은
또 다른 아름다움입니다.
또 주신 아름다운 하루를 감사합니다.
나뭇가지 사이로 파란 새 하늘이 열려옵니다.
아름다운 가을의 하늘을 열어 주시니 감사합니다.
주님이 주시는 새 하루를
주님과 함께 시작하게 하시니 감사합니다.

어머니

하늘나라로 가신 지 벌써 55년(1957. 7. 26.)이 지났는데
요즘 들어 어머니가 몹시 그립다.
젊을 때는 이렇게 그리워해 본 일이 없었던 것 같은데
80을 넘긴 요즘에 어머니가 몹시 보고 싶다.
찰떡 만들어 콩고물 듬뿍 묻혀 "너 찰떡 좋아하지" 하시며 큼직하게 떼어 주시던
정감어린 어머니의 말소리가 듣고 싶다.
가난한 살림살이에 10남매의 자녀를 키우시느라 야위고 힘이 들었을 것이었으나
그런 내색 보이지 않으시고 미소를 잃지 않으셨던 어머니
그 어릴 때의 어머니가 참 보고 싶다.

2012. 11. 8.

늦가을 언덕에서

잎이 떨어져 앙상한 나무 가지가
늦가을 싸늘한 바람에 흔들립니다.
정다운 친구들
오순도순 정답게 담소하던 사람들도
다 떠나가 버린 텅 빈 벤치에는
어둠이 찾아와 앉았습니다.
밝은 아침이 좋았습니다.
활기 찬 한낮엔 즐거웠습니다.
그런데 하루가 숨져 가는 저녁의 언덕에는
하늘을 향해 마음을 열 수 있어서 아름답습니다.
이런 시간엔 주님과 마주하고
주님의 체온을 느끼며
주님으로만 가득히 채울 수 있었으면 합니다.
언덕 아래 길로 사람들이 바쁘게 지나갑니다.
각자 제 갈 길로 가는 것이겠지만
갈 곳이 있다는 것 또한 복된 것이겠죠.
주님, 이제 우리도 언덕 아래 집으로 가야 하겠습니다.

2012. 12. 5. 수 오후.

눈이 내리면

오전 산에서 내려오는 길에 눈이 내리기 시작하더니 지금은 산에도 길에도 나뭇가지에도 눈이 하얗게 쌓였다. 눈이 내리면 불편한 것도 어려운 일도 많음이 사실이다. 그러나 왠지 눈 오는 날이 주는 애틋함도 무시할 수 없다.

눈이 내리면 누군가 만나야 할 것 같고
무엇인가 얘기해야 할 것 같고
어딘가 가야 할 곳이 있는 것 같고
함께 손잡고 눈을 밟으며 가고 싶고
정든 사람을 만나
화롯불 피워 놓고
미소로 정다움을 나누며
눈 쌓이듯 포근히 쌓이고 싶다.
80이 넘은 노인에게도 눈은 애틋한 설렘을 갖게 한다.
이런 마음을 주신 주님께 감사한다.
주님, 하얀 눈처럼 내 마음 깨끗하게 하시고
깨끗한 심령에 눈이 쌓이듯 주님의 은혜와 평화가 소복이 쌓이게 하옵소서.

2012. 12. 11.

운동을 하는 이유

12월도 벌써 중순으로 빠르게 가고 있습니다.

금년을 지내고 앞으로 얼마를 더 가야 하는 것인지 그때가 궁금해집니다.

내가 열심히 운동한다고 오래 사는 것이 아님을 압니다. 사실 오래 살고 싶은 마음은 없습니다. 내가 운동하는 것은 죽는 날까지 자신의 몸을 잘 관리하고 유지하려는 것이요 자녀들에게 짐이 되지 않으려는 것 때문입니다. 솔직히 바라는 바는 하나님께서 빨리 데려가 주었으면 하는 것입니다. 그렇게 기도합니다.

그러나 초조해하거나 불안해하지는 않으려 합니다. 초조해하거나 염려한다고 달라질 것은 아무것도 없기 때문입니다. 오히려 하루하루를 감사로 채우며 하나님께서 인연 맺게 해 준 모두를 사랑하며 함께 행복할 수 있기를 바랍니다.

순결한 마음과 진심으로 하나님을 사랑하며 숨지는 순간까지 영혼이 잘되고 범사가 잘되고 강건했으면 하고 바랍니다.

주님께서 주님의 평강으로 함께 하여 주옵소서.

2012. 12. 12.

아내가 보고 싶습니다

2012년이 이제는 며칠 안 남았습니다.

아내와 함께 가버리는 이 해는 결코 잊을 수 없을 것입니다. 그토록 사랑했던 그가 숨을 거두는 순간을 지켜보며 넋 나간 사람처럼 멍하게 서 있던 그 순간을 잊을 수가 없습니다.

가을 단풍이 물들기 시작하던 때 감나무 가지에 감이 익어 가던 때 함께 소요산으로 갔었습니다. 그의 건강이 회복되기를 바라는 마음이기도 하고 가을의 숲을 함께 느껴 보려는 뜻이기도 했습니다. 준비해 간 따끈한 커피와 간식을 함께 나누며 함께 손잡고 언덕과 숲길을 올랐습니다. 그랬던 그가 풍성한 가을을 아쉬워하며 하늘 길을 혼자서 갔습니다.

아내는 "내가 당신 사랑해"를 입버릇처럼 말했었습니다. 이웃 사람들은 늘 함께 있는 우리를 부러워했습니다. 내가 혼자 외출하고 집으로 올 때는 전철역까지 마중을 왔었습니다.

그런 그가 참 그립습니다.

지금은 함께 걸어야 할 언덕과 숲을 혼자서 가며 하늘을 쳐다봅니다. 나는 숲속 우거진 나뭇가지 사이로 보이는 파란 하늘을 보며 아내를 생각합니다.

늘 웃으며 남들보다 씩씩하고 힘차게 살던 그를 정말 사랑했습니다. 아무것도 가진 것 없는 나를, 게다가 폐병 중증이었던 나를 사랑해서 결혼하여 살면서 불평 한번 한 일이 없었습니다. 늘 "남편 건강하게 해 주세요"란 기도가 가장 중요한 기도 내용이었다고 했습니다. 목사의 아내로 숱한 어려움을 겪으면서도 기도로 감사하며 인내하고 사랑했습니다. 참으로 고마운 아내였습니다.

아내가 보고 싶습니다.

그는 다시 돌아올 수 없으니 내가 가서 만날 수밖에. 그러므로 해가 빨리빨리 가고 해가 바뀌는 것이 아쉬울 것이 없습니다. 주님이 오라 하실 때 그때 천국에서 만나겠으나 그날이 빨리 왔으면 하는 설렘으로 그날을 기다립니다.

2013. 1. 5.

새해의 기원

새해엔 조급하지 않고
주님과 함께
먼 길이라도 한 발자국씩
주님 따라 갈 수 있게 하옵소서.
맑고 깨끗한 눈동자로
주님의 가슴에서 물을 긷게 하시고
악취로 얼룩진 낡은 옷을 벗고
새 옷 입는 영혼 되게 하옵소서.
노래하며 하늘을 나는 새들처럼
찬양의 깃털을 달고
기뻐 춤추는 영혼으로 새롭게 하시고
주님의 손에 쥐어진 연처럼
하늘 높이 날 수 있게 하시되
실이 끊긴 연 되지 않게 하옵소서.
새해엔 맑은 호수 같은 마음으로
하늘과 별 숲과 바람 모두를 품는
고요하고 넓은 마음을 가지게 하옵소서.

2013. 2. 8. 최고로 추운 날.

핵으로 시끄러운 세계를 보면서

주님은 평화를 이루시려
평화의 왕으로 우리에게 오셨고
사랑으로 평화의 길을 열어 놓으셨는데
사람들은 평화를 이루겠다 하면서
오히려 힘과 폭력만을 기르고
가시로 찌르고 위협하고 있습니다.
찔리고 상처 입어 아파하는 신음소리가
날로 더해 가기만 하는데
평화를 원한다는 우리도
강퍅하고 황폐해져 가기만 하고 있습니다.

주님은 칼을 쳐서 보습을 만들고
창을 쳐서 낫을 만들어(사 2:4)
평화의 세계를 만드시기를 원하시는데
인간은 핵, 핵, 핵을 외치며
눈을 부라리고
입에 거품을 물고 헐떡거리고 있습니다.
얼마나 더 어둡고 처절하게
부서지고 깨져야 하는 것일까요.

가깝고도 먼 우리의 이웃들 사이에
사랑의 봄기운이 불어오게 할 수 없을까요.
주님, 우리를 긍휼히 여기시고
우리에게 사랑의 훈훈한 바람이 불어오게 하옵소서.
우리 함께 기도할 수밖에 없네요.

눈을 감으면

눈으로 보는 것보다

눈을 감으면 더 많은 것이 보입니다.

눈을 감아야 더 뚜렷이 보이는 것도 있습니다.

그래서 자주 눈을 감습니다.

시간의 제한도 없고

장소의 차이도 없습니다.

불을 밝히지 않아도

밀폐된 캄캄한 공간에서도

푸른 하늘에 떠가는 흰 구름처럼

떠오르는 아름다운 미소가 보입니다.

참으로 보고 싶은 소중한 것은

눈을 감으면 언제나 볼 수 있어서 좋습니다.

주님, 언제나 아름다운 것을 볼 수 있도록 마음과 생각을 다스려 주옵소서.

2013. 2. 24. 주일.

사순절 둘째 주일에

주님, 오늘이 사순절 둘째 주일입니다.

어젯밤은 왠지 너무 피곤해서 저녁 7시에 잠자리에 들었습니다.

새벽 3시 좀 지나서 깨었고 옷을 입고 예배 장소에 가서 앉아 주님을 찾았습니다.

기도와 명상의 시간이 얼마나 지났지 몰랐으나 방에 들어와 시계를 보았더니 5시가 조금 지난 시간이었습니다. 주일 예배 시간에 졸면 안 된다는 생각 때문에 잠을 자려 했으나 잠이 오지 않아 6시가 갓 넘은 시간에 산으로 올라갔습니다. 늘 가는 산 바위까지 갔으나 아직은 어둠이 남아 있었습니다.

조금씩 밝아 오는 동쪽 하늘을 바라보며 주님께 기도드렸습니다. 어제 오후 이 산에 섰을 때의 광경이 떠올랐습니다. 바람이 불어 나무들이 심하게 흔들리는데 하늘의 구름은 전혀 움직이지 않았습니다. 그 광경이 신기하게 느껴졌습니다. 그 모습에서 세상이 심하게 흔들려도 하나님은 요동하지 않으실 수 있구나 하고 생각했습니다. 오히려 그것 때문 더 든든했습니다.

오늘 읽은 글 속에 이집트 카이로에 있는 기독교 종파 가운데 하나인 콥트 교인들은 모슬렘이 아니면 심한 배척을 받아 '카이로의 할렘'이라고 말해지는 쓰레기더미 동리에서 쓰레기를 뒤져 생계를 유지하는 생활을 감내하며 그리스도 신앙을 지키고 있는 사람들이 있다고 했습니다. 오늘날 너무 세상과 타협하고 세속화되어버린 교회나 우리 신앙인들은 회개하고 변화되어야 할 것이 아닌가 하는 반성을 했습니다.

주님, 이 사순절에 변질된 우리 신앙을 바로 잡아갈 수 있도록 긍휼을 베풀어 주옵소서.

후배 목사의 죽음을 보면서

아내를 먼저 보낸 뒤
죽음은 두려움이 아니라
기다림의 대상이 되었습니다.
더욱 주님이 예비해 놓으신
영원한 낙원에 가게 될 죽음이니
두려워하거나 슬퍼할 것이 아닙니다.
사랑의 주님이 계신 곳
우리를 위해 처소를 마련해 놓으신 낙원
영원한 고향 천국을 바라보는 나에게
죽음은 기다려지는 소중한 것입니다.
하나님이 원하시는 방법으로
하나님이 원하시는 때에
데려가실 것이니 그날이 오기 전
나는 날마다 주님의 숨결을 느끼며
새 아침의 밝은 축복과
오후의 노을 그리고 밤의 달과 별을 바라보며
내 주변의 모두를 사랑하고 감사하며 살다가
파란 하늘에 흰 구름 흘러가듯 갔으면 좋겠습니다.
주님, 오늘도 행복하게 하시니 감사합니다.
오늘도 웃으며 사랑하며 살겠습니다.

***

"무청은 늙으면 시래기가 되고 사람은 늙으면 이알이가 된다"고 하네요.

이알이, 이치를 아는 사람이래요. 그럴 수도 있겠지요. 그러나 나는 요즘 오히려 늙으면 멍청이가 된다는 생각을 합니다. 멍청이로 사는 것이 편안하게 사는 것이라는 생각도 합니다. 요즘 나는 거의 말을 잊고 살고 있습니다. 말 대신 그저 빙그레 웃기만 합니다. 그렇게 살아가는 것이 참 편합니다. 세상과 나를 잘 아시는 분이 주님이시므로 사람이 아니라 주님을 가까이 하고 주님께 아룁니다. 황송하게도 주님은 우리를 친구라 하셨으니(눅 12:4, 요 15:15). 그래서 주님이 가장 편안합니다. 주님께서 버릇없다고 하실지 몰라도 나의 무례함을 용서하세요. 주님 사랑합니다.

2013. 3. 1.

봄이 오는 소리

3월의 소리가 들립니다.
봄이 오는 환희의 소리입니다.
3.1절의 함성처럼
우렁찬 소리는 아니지만
가슴깊이 안겨 오는 따뜻한 소리
생명이 꿈틀거리는 훈훈한 소리입니다.
바람소리도 정겹고
물소리도 아름답고
새들의 소리도 반갑고
아이들이 떠드는 소리엔 활기에 넘칩니다.
아직 응달에 겨울이 눈으로 남아 있지만
그 겨울이 녹아내리며
새 생명의 기운을 흘러내리게 하고 있습니다.
아름답게 들리는 이 소리는
주님이 열어 주시는 새 봄의 소리
세미한 생명의 숨소리입니다.
사랑의 손길로 만지시는 부드러움입니다.

2013. 3. 5.

힘없는 날의 기도

주님 오늘도 너무 힘이 없습니다. 며칠째 힘이 없어 산을 올라도 힘들게 오르고 있습니다.

어제는 새벽부터 하늘이 흐리고 날씨도 음산해서 기분을 상쾌하게 해야 하겠다 마음먹어도 그것도 잘 안 됐습니다. 산에서 하늘을 보며 주님의 얼굴을 보려 했으나 흐린 하늘에서 주님의 얼굴을 찾을 수가 없었습니다. 제 마음이 흐려져 있어서 그랬겠지요. 산길 숲속에서 주님의 숨소리를 듣고 주님의 숨결을 느껴 보려 했으나 그것도 안 됐습니다.

오늘은 날씨도 맑고 비교적 따뜻해졌습니다. 오늘 애들은 오산리 기도원에 갔습니다. 두 내외가 함께 기도하러 기도원에 가는 것이 참으로 아름답고 귀하게 보였습니다. 주님께서 긍휼히 여기시고 사랑하셔서 은혜 내리어 주실 줄 믿습니다. 주님이 기뻐하시는 대로 갈 수 있기를 원합니다. 인도하시고 이끌어 주옵소서.

2013. 3. 7.

기다렸던 봄비

비가 내렸습니다.

새벽 6시쯤 아직 어둠이 남아 있는 산길을 우산 없이 올라갔습니다.

스쳐 불어오는 바람은 겨울바람 같지 않아 좋았습니다.

하나님은 혹한 때문에 얼어 굳은 땅과 나무 꽃 들을 빨리 피게 하고 싶으셨는지, 부활절 전에 생명의 신비한 초록 보따리 풀어 아름다운 초록세상 만들고 싶으셨는지 겨울 내내 기다렸던 봄비를 내려 주셨습니다.

봄비 타고 훈훈한 바람이 불어 증오와 강포, 분열과 반목의 얼어붙은 사람들의 마음에도 푸르고 아름다운 사랑의 꽃들이 피어났으면 좋겠습니다.

2013. 3. 10.

봄의 하나님

혹한의 겨울을 날려 보내고
따뜻하고 좋은 봄을 오게 하시는 것은
하나님이 따뜻하고 아름다움으로
가득하신 분이시기 때문일 것입니다.
얼었던 땅을 보들보들 일구시고
땅속 씨앗 움돋게 하시며
황량했던 세상을 초록빛 세상으로 바꾸시는 것은
초록빛 생명을 가지셨기 때문일 것입니다.
맑고 깨끗한 물
땅 속으로 스미어 흐르게 하시다가
계곡으로 콸콸 넘치어 흐르게 하시는 것은
깨끗하고 풍요로운 세상 만드시기 원하시기 때문일 것입니다.
봄철 숲 속을 새들이 날며
훈훈한 바람 불어오게 하시는 것은
겨울처럼 거칠어진 우리의 마음과
메말라 황폐해진 우리의 가슴 속에
훈훈한 봄 같은 온기 번져 흐르게 하고
사랑으로 풍족하기를 바라시기 때문일 것입니다.
하늘에 흘러가는 흰 구름은 아름답습니다.

구름이 흐르지 못한다면

짙은 구름이 흐르지 못한다면

세상도 우리의 마음도 답답하고 힘들겠지요.

물은 흘러가서 좋고

세월도 흘러가니 좋고

역사도 흘러가서 좋습니다.

흘러가야 할 것이 흐르지 못하면 문제가 생깁니다.

세상의 모든 것은 흘러가야 좋습니다.

마음도 흘러가야 좋고

혈관에 피가 잘 흐르고

가슴에 뜨거운 사랑이 흐르고

너와 나 사이에 정이 흐르고

막히지 않아야 다 건강하고 행복합니다.

2013. 3. 14.

사순절 기간에

서울의 한 모퉁이
밤의 창문을 통해
수많은 십자가가 보입니다.
교회가 세워 놓은 표지입니다.
그 십자가들이 밤하늘의 별빛처럼
서울의 밤을 밝혀 주고 있습니다.
그 붉은 빛 속에서
들리는 절규 소리가 있습니다.
엘리 엘리(나의 하나님 나의 하나님)
이천여 년 전에
십자가 위에서 들렸던
뼈를 저리게 하는 아픔의 소리입니다.
그 아픔의 절규는
인류의 죄 속량을 위한 아픔의 소리였으나
지금 들리는 이 소리는
오늘의 교회 때문에 아파하시는 비명소리 같습니다.
어둠 속에 잠들어 취해 있는
텅 빈 교회당 위에서
주님이 엘리 엘리 부르짖으시며

피땀을 흘리고 계신 것 같습니다.

잠자고 있는 내 영혼 깨우며

피를 토하고 계시는 주님의 절규소리 같습니다.

십자가 길

예수님은 십자가 길 가시면서
나를 따르라
나의 가는 이 길을 따르라 하셨습니다.
그러나 우리는 그를 따른다 하면서도
안일의 길
풍요의 길
화려하고 높임 받는
영광의 길만 가려 했습니다.

예수님은 십자가 지고 죽으시면서
우리에게 말씀하셨습니다.
각자 자기 십자가 지고 나를 따르라.
십자가 지는 것은
자신의 모든 것을 죽이는 것이요
자기를 땅에 묻어버리는 것인데
우리는 자신의 성질 하나 죽이지 못하고
자기를 땅에 묻기는 고사하고
자기를 드러내고 자랑하며 높이느라
온갖 추한 것으로 더럽혀진 자기 깃발을 흔들며
고개를 쳐들고 있었습니다.

예수님은 머리에 가시로 엮은 가시관 쓰시고 찔리셨는데
오히려 우리는 자기 자랑의 면류관
화려한 보석으로 장식한 금 면류관
영광의 면류관 쓰기를 바라며
예수의 제자로
예수를 따르고 있다고 말해 왔습니다.

예수님은 십자가 위에서
말로 다할 수 없는 고통 속에서도
자기에게 침 뱉고 모욕하고 못 박고 상처 준 자들을
다 품에 품으시면서
용서의 기도를 아버지께 드리셨습니다.
그러나 오늘날 우리와 한국 교회는
용서할 줄은 모르고
용서는 고사하고
형제 끼리 싸우고 헐뜯고 찢고 상처 주며
피투성이가 되어 있으면서
서로 용서하라고 말만 하고 있습니다.
주여 우리를 용서하여 주옵소서.
자신의 가증스러움을 깨닫지 못한
무지와 완악함 그리고 황폐해진 심령을

십자가 보혈로 씻어 주시고
예수님의 마음으로 변화되어
십자가 길 겸손히 가며
예수님 사랑의 마음을 가질 수 있게 하여 주옵소서.

2013. 3. 23.

사랑한다는 고백

주님 어제 저녁 KBS1 TV에서 100℃라는 제목의 강연이 있었습니다. 부산에서 올라온 50대 중반쯤의 부인이 강연을 했습니다. 그는 암 환자들을 돌보는 봉사를 하다가 자기도 암에 걸려 갑상선암을 비롯해서 위암 등 세 곳의 암을 수술한 사람이었습니다. 자신이 암의 고통과 절망감을 경험했기에 암으로 고통 받는 사람들 가운데 특히 죽음을 기다리는 사람들을 위한 호스피스 봉사를 하고 있다 했습니다.

그가 하는 봉사 가운데 강조하고 싶은 것은 진심으로 '사랑합니다' 하는 것이요 임종을 앞두고 있는 사람들에게 '사랑합니다'라는 말을 가족들 피차에게 하게 한다는 것이었습니다. 최후의 순간에 사랑한다고 고백하는 것이 정말 아름답고 감동적이라 했습니다.

한 나이든 환자는 수십 년 동안 아내에게 사랑한다는 말을 하지 않고 살아왔으나 그녀의 권면에 의해 "여보 사랑해요 그동안 수고했어요" 말할 때 아내도 남편도 펑펑 울며 감격하고 감사했다는 얘기를 들려주었습니다. 자기는 매일 수십 번의 '사랑합니다'라는 말을 하고 있다고 했습니다.

주님, 주님께도 사랑합니다, 고백해야 하지만 사람들에게도 사랑한다고 많이 말해야 하겠다는 생각을 했습니다. 사랑합니다.

2013. 3. 28. 밤에.

감사의 눈물

눈물이 흐릅니다.
아파서 흐르는 눈물이 아닙니다
슬퍼서도 아닙니다
철없는 제자들의 발을 씻기신 주님께서
내 발도 씻어 주시는
주님의 아가페 사랑 때문입니다.
내 발을 씻어 주시는 물은
주님이 우시며 흘리신 눈물과 피 땀
겟세마네에서
아빠 아버지 부르시며 통곡하신
기도의 눈물과 땀
가시에 찔리시고 매 맞아 찢기시고
십자가에서 흘리신 피와 물
그 아가페 사랑의 눈물과 피와 땀으로
내 더러운 발 씻어 주시니
몸 둘 바를 모릅니다.
계속 흘러내리는 눈물은 감사의 눈물입니다.
주님 감사합니다.
주님 사랑합니다.

2013. 4. 1.

봄의 활기

주님, 벌써 4월이 되었습니다. 4월에는 가정적으로 여러 행사가 있지만 특히 아내가 떠난 지 일 년이 되는 달입니다. 그래도 꽃이 피는 좋은 계절에 갔으니 다행이었다는 생각이 듭니다. 황량했던 들과 산에 푸른 새싹들이 돋아나고 꽃이 피기 시작했습니다. 얼마나 예쁘고 아름다운지 매일 산언덕을 오르면서 감탄하고 감사하고 있습니다. 생명 가진 모든 것의 생명은 생명의 주인이신 주님이 주신 것이기에 아름답고 귀한 것임을 느끼며 감사합니다.

***

주님이 봄을 주시니 봄이 왔습니다.
개나리 나뭇가지에 노란 꽃이 피고
살구나무 가지에 살구꽃이 피었습니다.
겨울 내내
겨울 기운에 꺾여 움츠렸던 세상에
생기가 돌고 생명의 기운이 펴져 가고 있습니다.
황량했던 세상이 초록빛으로 바뀌고
정겨운 맑은 물소리가 졸졸 꽐꽐
가슴을 울리며 상쾌하게 들립니다.
봄의 소리가 가슴을 적시며 내 몸에 활기를 줍니다.

주님이 봄으로 주님의 사랑을 땅 위에 넓혀 가고
공중의 새들도 즐겁게 날며
겨울에 못했던 노래를 부르기 시작했습니다.
주님 감사합니다. 봄의 활기 참말로 좋습니다.

2013. 4. 2.

눈물

나를 정결케 하소서
닦고 또 닦아
흠도 티도 없이
맑고 맑은 마음으로
주님을 만날 수 있도록

나를 태워 주소서
녹슬고
금가고 깨어진
버려질 찌꺼기 나를
용광로 불가마 속에서
새것 되게 해 주소서

나를 녹여 주소서
모래알같이 흩어진 욕망
깨어진 유리 조각
모나고 날카로운 성질
욥의 용광로 불꽃으로 녹여
정금되게 해 주소서

2013. 4. 5.

죽음이 두려운 것은 아니지만

죽음이 두려운 것은 아니지만
새벽 산길을 갈 때
까마귀들이 까악까악 울면
언제나 묘하게 기분이 좋지 않습니다.
왜 하나님은 까마귀를 내셨을까? 왜일까?
왜 까마귀 울음이 기분 나쁜지 알 수 없지만
까마귀 울음소리가 죽음을 연상케 합니다.
죽음을 좋아할 사람은 없을 것입니다.
그러나 언젠가 한 번은 가야 할 것이니
가도 아름답게 덕스럽게 갔으면 합니다.
그것도 마음대로 안 되는 것이기에
최선을 다해 의식하며 준비해야지 하고 생각해 봅니다.
가는 날까지 열심히 사랑하며
얼굴에는 언제나 환한 미소가 있도록 했으면 합니다.

오늘도 태양이 아름답게 떠올랐습니다.
하나님이 세상을 창조하신 후
태양이 떠오르지 않은 날은 한 번도 없습니다.
매일 아침이면 동쪽 하늘에 어둠을 헤치고

밤을 삼키며 붉은 해가 떠오릅니다.
아무리 어둠이 짙어도
어둠 속에 비바람 억세게 몰아쳐도
밤의 추위가 천지를 다 얼어붙게 하는 것 같아도
새벽이 되면 태양은 반드시 빛을 발하며
우리에게 새 출발의 길을 밝혀 주었습니다.
인간이 세상을 전쟁터로 만들고
인간이 세상을 무섭고 두려운 공포의 땅으로 만들고
인간이 세상을 오염시켜 폐허 쓰레기 산으로 만들고
인간이 세상을 피바다 만들며
인간이 세상을 온갖 거짓과 음모로 얼룩지게 만들어도
해는 다시 떠오르고 빛을 비추며
폐허처럼 거칠어지고 오염된 땅에 새싹 내고
꽃이 피어 아름답게 해 주었습니다.
이것이 우리를 사랑하시는 하나님의 사랑의 은혜요
변함없는 하나님 사랑의 영원한 축복입니다.
오늘도 햇빛 주시고 삶 주시고 사랑하며 살게 하시니 감사합니다.

하늘을 보십시오

힘들고 답답한 날에는
벽이 아니라
맑고 푸른 하늘을 보십시오.
파란 하늘에 흘러가는 구름을 보십시오.
때로는 구름이 그냥 머물러 있지만
갖가지 모양으로 변하며 흘러가듯이
우리의 삶에 머무는 고난의 먹구름도
잠시 뒤면
갖가지 모양으로 흩어져 흘러갈 것입니다.
꽃 한 송이 피우는 데도
겨울의 추위와 찬바람이 있었습니다.
아픔과 수고 없이 핀 꽃도 없고
작은 열매도 비바람의 시련이 있었습니다.
어떤 경우에서도 하늘의 주님을 보면
우리를 사랑하시는 주님이
봄 동산을 아름답게 가꾸시는 것처럼
복된 열매로 풍성하게 하실 것입니다.

2013. 4. 22.

뻐꾸기

너는 왜 새벽에도 울고
한낮에도 울고
어둠이 깔리는 석양에도 울고
제 모습 한 번도 드러내 보이지 않고
멀리서 가까이에서 울기만 하는가.
어릴 때 들었던 산골에서의 울음소리
80이 넘은 지금 듣는 저 울음소리
달라지지 않은 뻐꾸기 울음소리
무슨 서러운 사연이 있는지
누구에게 그 사연 전하고 싶어서인지
이른 봄에서 여름 가을
때도 없이 울기만 하는 너는
떠나가 버린 엄마가 그리워 우는 것인가
헤어진 가족이며 친구를 찾아 헤매는 것인가
어떤 때는 구슬프기도 하고
때로는 아프기도 하고
동서남북 산 넘고 강을 건너 울어 젖히는 너는
찢긴 이 땅의 아픔을 울고 있는 것인가
텅 빈 우리의 가슴을 달래 주려는가

너는 내일도 울 것인데 우리는 어떻게 하랴?

***

주님, 오늘 아내의 일주기 추도예배를 드리기로 했습니다. 날짜는 24일인데 그날은 수요일이라 모두 수요 예배에 참석해야 하기에 앞당기기로 한 것입니다. 아내가 평소 사랑하며 정을 나누었던 권사님들과 성도들 그리고 서울에 사는 친척들 몇 사람만 초청했습니다.

사실 그는 세상에서 누구보다 열심히 살았고 주님께서 무엇이라 하실지 모르지만 그는 주님을 가장 사랑하며 살았다고 생각합니다. 자신을 위해서는 별로 신경 쓰지 않고 주님이 기뻐하실 일에 관심하고 노력한 삶을 살았다고 생각합니다. 지금은 주님의 나라에서 평안 가운데 주님을 찬송하며 주님과 함께 기뻐할 것을 생각하며 또 기쁨으로 만날 것을 생각하니 감사할 따름입니다. 그날을 기대하며 기다립니다.

2013. 4. 27.

4월의 끝자락에

이젠 꽃샘추위도 별 수 없고
개나리 진달래 벚꽃
피었다 지고 또 피고
파아란 하늘에 구름꽃 피었다 지는 사이
한결 선명해진 소나무 숲 사이에
꽃나무 숲 초록 숲 자라고
노인의 얼굴에 평안이 머뭅니다.
잠잠해진 바람이
잠시 쉬어 가는 언덕 바위틈
노인의 봄은 요란함도 화려함도 없지만
가만히 앉아 쉴 수 있는 봄은 행복합니다.
따스한 봄을 주신 주님 감사합니다.

***

하루가 아니라 1분 1초를 살아도 헛되게 살지 않는 것이 신앙인에게는 물론 누구에게나 중요한 자세일 것입니다. 그러기 위해서 과거에 얽매일 필요도 없을 것이요 미래를 염려할 필요도 없습니다. 지나간 자랑이나 실수, 후회나 그 어떤 것도 오늘 현재의 나와는 상관이 없습니다.

지나간 일에 얽매어 있으면 오늘의 내 삶에 걸림돌이 될 수 있습니다. 내일 일을 염려하여 오늘의 삶이 위축된다면 그것 역시 바람직하지 않은 것입니다.

너무 욕심을 낼 것 아니지만 너무 조급할 것도 아닙니다. 매 순간 있는 자리에서 주님이 기뻐하시도록 최선을 다하여 살면 그것으로 족합니다.

"내일 일은 내일 염려할 것이요 한 날의 괴로움은 그 날에 족하니라."(마 6:30) 주님이 말씀하셨습니다. 매일 매순간 최선을 다하며 사는 것이 잘사는 것이란 의미로 해석할 수 있을 것입니다. 주님이 기뻐하시는 최선을 다하는 삶이 귀하고 복된 일일 것입니다.

오월의 기도

오월의 숲처럼 풍성하게 하옵소서.
메말랐던 숲속 나무들이 새 생기로 풍성하고
푸른 나뭇가지에 새들이 찾아와 사랑의 노래를 부르며
뛰고 날며 즐거워하듯이
내 영혼이 푸르고 풍성한 기쁨의 찬양을
주님께 드릴 수 있게 하옵소서.
여름이 되면 온갖 넝쿨이 자라 퍼져서
숲을 뒤덮어 숨통 조이게 하는
온갖 불신과 욕망의 넝쿨 자라지 않은 오월의 숲처럼
내 마음 단순하고 순박해지게 하시고
꽃향기 봄 향기의 아름다움처럼
주님의 향기로 가득해지게 하셔서
주님께 기쁨의 향기 드리는 자 되게 하여 주옵소서.
찔레꽃 피고 가시가 나서
그 가시에 찔리고 상처 입어 아픈 날도 올 것이지만
찔리면서도 향기 토하는 자로 살게 하여 주시고
오월의 태양과 바람에
하루가 다르게 힘차게 자라는 나무와 꽃처럼
내 영혼이 주님의 생명 기운으로
힘차게 자라고 꽃 피고 열매 맺게 하옵소서.

노부부의 동행

노부부가 나란히 숲길을 간다.
걸음걸이도 힘이 없고
동작도 굼떠 답답한 것 같지만
그래도 더없이 행복해 보인다.
서둘 것도 없고
아쉬울 것도 없는 것 같다.
말없이 손잡아 주고
서로에게 힘이 되어 주고
가끔은 서로의 눈을 바라보아 주며
엷은 미소가 담긴 표정으로
오월의 푸른 숲길을
손잡고 가는 늙은 부부의 정겨움을
젊은이는 모르리라.
함께 가는 노부부의 농익은 행복을
젊은이는 모르리라.
평생을 저렇게 갈 수 있는 아름다움을
젊은이는 알 수 없으리라.

미소는

미소는

메마른 땅 적셔 주는 봄비 같이

거칠고 굳은 마음 일구어

부드러운 새순 돋아나게 합니다.

함빡 젖어드는 눈

환하게 밝아오는 입가에

말 한마디 없어도

사랑의 물줄기 마음 가득 넘치게 만듭니다.

미소에는 사랑이 보이고

아픔도 보이고

따뜻함도 보입니다.

맑은 샘물 소리 없이 솟아

가득히 고여 차올라 넘치듯이

미소는

마음 가득히 정이 흘러넘치게 합니다.

화려하게 핀 꽃은 아니어도

아름다운 붉은 장미 같지 않아도

고향 어머니 품같이

정감 어린 향긋한 향기가

삶에 새 활력을 더하게 합니다.

2013. 5. 22.

글로리아 합창단

주님 어제는 글로리아 합창단 40여 명이 청송교도소에 찬양 선교하러 갔다 왔습니다. 새벽 5시 반에 집에서 출발해서 밤 9시가 좀 넘은 시간에 집에 왔습니다. 노인들로서는 좀 무리한 일정이었습니다. 그래도 의미 있고 즐거운 하루였습니다. 개인적인 친분이나 관계 때문이 아니었지만 갇힌 자를 찾아보아 줄 수 있었다는 것에 뜻이 있고 기쁨이 됩니다.

처음 가보는 곳이지만 강단에 모인 사람들 모두가 힘차게 찬송을 부르고 있다는 것이 놀랍기도 하고 신기한 생각이 들기도 했습니다. 우리가 부르는 찬양을 들으며 우는 사람도 있었고 뜨겁게 반응하는 것을 볼 수 있었습니다. 어떤 이유로 수감되었는지 모르지만 나는 수감되어 있는 사람들이 측은해 보여 그들을 위해 기도할 수밖에 없었습니다. 그것도 주님이 기도할 마음을 주셔서 기도할 수 있었던 것이라고 생각합니다.

그들이 새 사람으로 변화될 수 있도록 긍휼히 여기시고 역사하여 주실 것과 그들이 인생의 소중한 의미를 깨닫고 아름다운 마음을 소유하게 되고 또 선한 삶을 통해서 행복을 누리며 사는 자들이 되기를 바라며 기도했습니다. 주님, 세상에서 범죄가 사라지고 감사와 사랑으로 가득한 세상 된다면 얼마나 좋겠습니까. 긍휼히 여기시고 은혜 내리어 주옵소서.

합창 대원들 가운데는 재간꾼들이 여러 사람 있어서 여행길이 지루하지 않았습니다. 나도 저렇게 재미있게 하는 재간이 있다면 얼마나 좋을까 하는 생각을 했습니다. 복된 하루 감사합니다.

2013. 5. 27.

길가에 핀 들꽃

길가에 핀 들꽃이
잡초들 사이에서
아름다운 꽃망울을 터뜨렸습니다.
힘겹게 견디고
묵묵히 견디다가
아름다운 빛깔로 자기 모습을 드러내었습니다.
밟히고 찢기고 부러지는
아픈 고통 속에서도
드디어 꽃을 피웠습니다.
상처 입힌 발길에 짓밟히면서도
말없는 침묵 속에서
자신의 아름다움을 보여 주었습니다.
우리는 길가에 핀 들꽃처럼
밟히고 꺾이면서도 꽃으로 피고
향기 풍기는 자일 수 없을까?
주님이 바라시는 모습은
어떤 모습일까를 생각해 보았습니다.

호수 같은 마음

하늘이 내려앉은
잔잔하고 고요한
호수 같은 마음이었으면 좋겠습니다.
산과 숲과 하늘을 모두 담고 있는 호수
아름다운 수채화가 숨 쉬는 호수
그런 마음이었으면 좋겠습니다.
불어오는 바람에 잔잔한 물결이 일기도 하고
사람들의 돌팔매에 잠깐 파장이 일기도 하지만
아무 일 없었던 것처럼 제 자리로 돌아가는
고요하고 잔잔한
호수 같은 마음이었으면 좋겠습니다.
밤에는 별과 달이 와 조용히 쉬고
낮에는 아이 어른 강아지도 찾아오고
봄 여름 가을 겨울 계절이 변해도
변함없는 모습으로 모두를 말없이 품는
맑고 깨끗하고 고요하고 넓은 마음이었으면 좋겠습니다.

2013. 6. 1.

6.25 소년병의 기억

6월이 되면 6.25가 생각납니다. 내가 만 17세가 되던 해에 6.25 전쟁이 일어나 나는 군대에 끌려가야 했습니다. 끌려갔다는 표현을 할 때마다 마음 한구석에 창피한 생각을 갖게 됩니다. 자원해 참전한 사람도 있는데 나는 끌려갔다는 것이 부끄럽게 여기게 만듭니다. 부모도 모르게 길을 가다가 동원되어 가서 열흘쯤 훈련받고 군번 받아 부대에 배치되어 부산에서 함경북도 성진까지 갔습니다.

경주 영천 가까이서 훈련 받을 때 포항 전투가 한창이었던 것 같습니다. 총소리 포 소리가 계속 들렸기 때문입니다. 언제 어떻게 죽을지 전혀 알 수 없는 상황이었습니다. 처음 전투가 일어났을 때의 경험 가운데 잊지 못하는 한 가지는 총알이 서로 오갈 때 내가 죽으면 어떻게 하나 하는 걱정이 아니라, 총알이 떨어지면 어떻게 하나, 안 되는데 하며 걱정했던 것을 기억합니다.

60여 년이 지난 지금 생각하면 여러 번 죽을 고비를 지나고 또 전혀 불가능했던 삶의 고비를 잘 지내 온 것은 발걸음마다 함께 해 주시고 인도해 주신 하나님의 은혜였다고 고백할 수밖에 없습니다.

2013. 6. 6.

6월의 언덕길을 걸으며

6월의 상쾌한 아침
짙어진 초록 숲길이 좋아서인지
종달새가 노래하고
참새 몇 마리가 산책을 합니다.
어느 옹달샘에서 흘러나온 것인지
신선하고 달콤한 기운이 흘러
언덕길을 오르는 노인의 몸속에
생기를 더해 줍니다.
넉넉한 마음으로 오를 수 있는
6월의 산길 양 옆에 자란
갖가지 나무 풀 꽃들이
밤비로 세수하고 밝은 얼굴로 미소 짖고 있는데
미소 지어 주거나
손 흔들어 반겨 주는 사람은 없습니다.
사람들은 뭐가 그리 바쁜지
두 팔과 몸을 흔들며
숨을 헐떡이며 오르고 내리며
길, 돌, 튀어나온 나무뿌리만 보며 갑니다.
바위에 앉거나 나무에 기대어 서서

푸른 하늘이나 하얀 얼굴로 내려다보는 구름에게
눈인사도 나누는 사람이 없습니다.
숲이 주는 아름다움으로 마음을 채우며
함께 손잡고
평화로운 세상 만들어 갈 수 있을 텐데
아침의 숲처럼 아름다울 수 있을 텐데.

풀 한 포기 없는 사막이 아니라
산이 있고 숲이 있고 꽃이 있으며
새들의 노래를 들을 수 있는 환경에 살고 있음이 정말 행복합니다.
말을 걸면 메아리가 아니라
정감 어린 말과 정다움을 함께 나눌 수 있는
사람이 있다는 것 또한 아주 귀한 복입니다.
혼자가 아니라 관심을 주고받으며 살아갈 수 있는
사람이 가까이 있다는 것이 정말 귀하고 행복합니다.
오늘도 사랑하고 사랑받을 수 있음을 감사합니다.

2013. 6. 15.

꽃과 나무를 보며

사람들은 화려하게 피어 있는 꽃은 좋아하지만
꽃을 피우기 위해 기울인 사랑이나 정성
꽃이 피기까지의 아픔은 생각하지 않습니다.

사람들은 자기 기분 따라 말을 뱉지만
생각 없이 뱉은 말 때문에 상처 받는
아픈 마음은 헤아릴 줄 모릅니다.

꽃 중에 미운 꽃은 없습니다.
사람들의 발길이 닫지 않는 산중
바위 틈 사이에 핀 꽃도 아름답습니다.
사람의 눈에 띄지도 않고
사람들이 와서 보아 주지 않아도
아름다운 자기 자태를 지키며
비가 와도 폭풍이 불어도
피하지도 숨지도 불평도 없이
제 자리 지키며 서 있습니다.
하나님의 최고의 축복과 은혜를 입은
인간은 감사도 찬양도 없이

불평과 원망으로 일그러져 있습니다.

꽃 같은 아름다움을 가지며 살 수는 없을까요.

***

주님 오늘 새벽에도 산에 올랐습니다. 내가 오르는 언덕 정상에 있는 바위에 앉아 수십 년 된 나무를 보았습니다. 수십 년 심겨진 그대로 추위와 더위를 말없이 견디고 그 자리에 꼼짝하지 않고 자라 무성하게 힘차게 가지를 뻗어 숲을 이루어 사람과 동물 모두에게 친구가 되고 좋은 휴식처를 제공해 주고 있는데 인간은 자기 위치를 제대로 지키는 사람도 세상에 대한 제 역할을 다하는 사람도 별로 없구나 하는 생각을 했습니다. 주님이 원하시는 대로 살지 않고 모두가 이기적인 자기 생각에 사로잡혀 인간됨의 구실을 못하는 것이 인간이구나 하는 생각을 했습니다.

제 자신도 예외가 아님을 깨달으며 회개합니다. 깨닫지 못했음을, 자기중심주의로 살았음을, 모두에게 유익을 주는 자로 살아야 하는데 그렇지 못했음을, 삶 자체가 축복이요 은혜인데 행복을 감사하고 찬양해야 하는데 그것도 게대로 못했음을 회개합니다. 용서하여 주시고 이제부터라도 제대로 살아갈 수 있는 삶이되게 하여 주옵소서.

2013. 6. 26.

나그네 길동무

우리는 순례의 길 가는 나그네
그러나 길동무 있어서 행복합니다.
혼자 가는 나그넷길이라면
힘겹고 외로울 것이지만
사랑하며 함께 해 주는
길동무 주셨으니 감사합니다.
매일 걷고 또 걸어가야 하는 길
오르기도 하고 내려가기도 하고
울기도 하지만 웃기도 하고
말없이 가는 무거운 길도 있지만
함께 웃으며 가는 정다움도 주셨으니
감사합니다.
안개 낀 미로 같은 가시밭길에서
가시에 찔려 아프고
방향을 찾기 힘든 갈림길에서도
함께 가는 길동무 있으니 평안합니다.
어스름 달빛이 비추는 길에도
칠흑 같이 캄캄한 밤길이라도
돌부리 걸려 넘어질 때도

잡아 주고 일으켜 주는 길동무
길동무 있으면 힘이 됩니다.
더더욱 주님이 함께 하시니 감사합니다.
내가 사망의 음침한 골짜기로 다녀도
주께서 함께 하시니 두려움이 없습니다.
주님이 우리와 함께 하실 뿐 아니라
길동무까지 주시니 감사합니다.

계곡 물소리

고향 동리 산허리 돌며 흐르는
계곡 냇물 소리는
세월이 흐른 지금도 아름답게 들립니다.
여름날 친구들과 함께 놀며
가재 잡으며 즐겨 했던
고향 계곡 그 물소리는
눈을 감아도 가슴을 울리며 들립니다.
계곡의 시원한 물과 물소리는
우리의 삶에 활기를 주고
더위에 지친 우리에게 새 힘을 주는
생명의 하나님이 베푸신 은총입니다.
숲 사이 계곡을 돌아 바람과 함께
잔잔히 속삭이듯 흐르다가
급하고 세차게 떨어지기도 하며
흐르는 계곡의 물소리는
가슴까지 시원하게 적시며
행복한 추억을 되살려 주기도 합니다.
몸의 피로와 마음의 얼룩까지 씻어 주는
맑게 흐르는 물과 물소리는
하나님이 주신 축복입니다.

2013. 7. 8.

장맛비 내리는 아침

아침부터 장맛비가 내리더니
번개를 동반한 비가 세차게 쏟아집니다.
아이들이 든 우산이
강물이 흐르듯 흐르고 있습니다.
노란 우산 빨간 우산 검정 우산
비는 침묵의 강으로 흘러가고 있습니다.
비오는 거리를 창문으로
내려다보는 내 마음에
어쩐지 낯선 거리 낯선 집 추녀 밑에 서 있는
나그네의 외로움 같은 것이 밀려옵니다.
지하철 역사에 멍하게 있을 사람들
숲속 나뭇가지에 비에 젖은 날개 접고
외롭게 앉아 있을 새들 생각이 납니다.
이런 날에는 농촌 기차역
찾는 사람 하나 없는 간이역에서
기차를 기다리는 것 같은 마음도 들고
항구 선창을 떠나는 뱃고동 소리를 듣는
마음이 들기도 합니다.
이런 날에는

뜨거운 커피를 끓여 함께 향을 마시며

미소 지었으면 좋겠습니다.

2013. 7. 10.

좋은 계절 여름

여름은 무덥고 땀이 나지만
여름이 좋은 것은
훌훌 벗어 던지고
씻어 얻을 수 있는 시원함입니다.
공부하느라 잠도 제대로 못 잔 손주
틈낼 수 없어서 쉬지 못한 자녀들
함께 여행하며 추억을 만들 수 있음은
하나님이 허락해 주신 행복입니다.
바닷가에서 볼 수 있는
푸른 바다
물살 가르며 가는 흰 돛단배
그 너머에 있는 수평선
여름에 볼 수 있는 이런 풍경이 좋습니다.
남녀노소
겉옷은 다 벗어던지고
웃기도 하고 장난치기도 하고
그래도 부끄러울 것도 기죽을 것도 없는
모두가 함께 어울려 뒹구는 여름이 좋습니다.
달궈진 가마솥 같은 더위를 식히며

쏟아져 내리는 소나기

소나기가 좋은 여름

여름의 행복을 즐길 수 있음이 좋습니다.

여름에 익어 가는 풍성한 열매

갖가지 열매는 하나님이 주신 축복입니다.

숲에는 새소리 즐겁고

가로수 가지에 매미가 울고

바람에 가지가 흔들리고

비에 불어난 냇물이 세차게 흐르고

바람과 물소리가 아름다운 여름이 좋습니다.

여름밤 모깃불을 피워 놓고

마당에 펴 놓은 돗자리에 누워

하늘 가득 반짝이는 별들을 볼 수 있는 여름

그 아름다운 여름이 정말 좋습니다.

여름은 하나님이 주신 낭만의 계절

좋은 계절 주신 하나님 감사합니다.

2013. 7. 27.

시원하게 부는 바람

지루한 장마 틈 사이에 열린
파란 하늘 때문에
신바람 났는지
시원한 바람이 붑니다.
숲속 나뭇가지 사이를 지나며
나뭇가지 흔들고
나뭇잎 살랑살랑 흔들더니
한낮 뜨거운 도심의 길을 흐르며
더위를 식혀 주고는
창문 그물망 뚫고 들어와서
지친 몸 시원하게 씻어 줍니다.
시원한 바람 주신 주님 감사합니다.
바람은 어디든 마음대로 흐르다가
막히면 돌아가고
높은 산 가볍게 넘어가고
숲 강 바다 국경까지도
넘고 또 흐르다가
지친 모두에게 생기를 더해 줍니다.
시원한 바람 불게 하시는 주님

이 땅 사람들의 닫힌 가슴에도

시원한 새 바람 불게 하시고

새 역사 이루도록

은총 내리어 주옵소서.

우리 모두 시원하게 하는 사람 될 수 있기를 기도합니다.

2013. 7. 29.

잠 못 이루는 밤

잠 못 이루는 밤은
너무도 길고 지루합니다.
숙면의 평안함을 잃어버린 도시
창문으로 들어오는
어스레한 불빛 때문에
마음은 더 스산하고 초조해집니다.
왜 무엇 하라고
잠을 빼앗아 가버린 것인지
기도하라는 것인지
시대의 어둠을 꿰뚫어 보라는 것인지
병 든 세상 진상을 알라는 것인지
잠든 죽어 가는 영혼들의 실상을 아파하셔서
한밤중 곤히 잠들어 있던 어린 사무엘을
세 번씩이나 깨우셨던 것처럼
하실 말씀 있어서 깨우시는 것인지
늙은 것이 그동안 잠 많이 잤으니
이젠 잠 잘 것이 아니라
하나님의 임재를 기다리라는 것인지
주여 엘리처럼 어두워지고 둔하여진

종을 용서하시고 은총 내리어 주옵소서.

***

벌써 8월이 왔습니다. 장마 때문에 흐렸던 하늘에 파란 틈이 생기고 새벽 해가 웃으며 밝게 떠올랐습니다. 새벽의 숲이 아름답습니다. 매미가 힘차게 노래하고 새들도 덩달아 신이 났습니다. 새벽의 부는 시원한 바람 때문에 상쾌합니다. 한낮 더위는 한동안 있어야 하겠지만 곧 가을이 오겠구나 생각하니 마음이 한결 가볍습니다. 하나님은 모든 계절을 통해 참으로 아름답고 행복한 삶을 살아가도록 복 내려주신 것 생각하면 감사할 것뿐입니다. 며칠 남지 않은 금년의 여름을 잘 보내야 하겠다 생각합니다. 오늘도 웃으며 즐겁게 지내세요.

2013. 8. 5.

삶의 향기

살아 있는 꽃에는 향기가 있습니다.
발길에 밟히고 꺾여도
살아 있는 꽃은
새싹이 나고 자라 꽃을 피웁니다.
그러나 아무리 아름답게 색칠하고
화려한 모양으로 꾸며도
생명 없는 꽃에는 향기가 없습니다.
우리는 그리스도의 향기(고후 2:15)
그리스도의 편지(고후 3:3)입니다.
그런데 그리스도를 믿고 따르는 사람들에게서
그리스도의 향기와 모습은 없고
악취와 일그러진 추한 모습뿐이라면
그것은 영혼이 병들어 있거나
죽어 있는 상태 때문일 것입니다.
그러므로 죽은 자들 가운데서 깨어 일어나야 할 것입니다.
사랑이 향기요
감사와 기쁨이 향기요
화평과 온유가 향기요
인내와 오래 참음이 향기요

참되고 진실하게 행하며 살아가는 것일 것입니다.

잠시 동안이라도 일손을 멈추고
어린아이 같은 마음으로
하늘과 언덕을 바라보십시오.
창문으로 들어와
스치며 미소 짓고 지나가는
시원한 바람에게
감사하는 미소를 보내어 보십시오.
더위에 짜증스러워 지친
이웃에게 사랑의 말이라도
나누어 보십시오.
일상의 생활에 피곤한 나를
말없이 찾아와 주시는
주님께 사랑을 고백하며
주님을 마음으로 깊이 안아 보십시오.
평안함과 기쁨이
생수처럼 솟아 가득해질 것입니다.

2013. 8. 17.

풋사과를 먹으며

오늘 아침 마트에서
풋사과를 사 왔습니다.
붉게 물들기 시작한 사과를 먹으며
세월을 느낍니다.
장마 더위 폭염
더위에 짜증스러워하는 사이
사과는 크고
달콤한 과즙으로 채웠습니다.
한입 베어 문 풋사과에서
풋풋함과 싱싱함이
입안 가득히 채워집니다.
풋사과를 먹으며 생각합니다.
이 풋사과처럼
우리의 영혼이
풋풋한 달콤함과 싱싱함으로
가득히 채워
주님께 드려질 수는 없을까.

죽는 날을 생각하며

꽤 먼 길을 왔습니다.
여호수아나 갈렙 같지는 못하지만
여기까지 온 것은
전적인 주님의 은혜입니다.
6.25 때 총알이 빗발치는 속에서
20대의 나이에 폐병 말기
의사까지도 포기한 상태에서
건져 보호하셔서
오늘에 이르게 하셨습니다.
이 나이까지 살아 있으리라
생각해 본 일이 없습니다.
하루하루 모두가
은혜이지만
20대 이후 지금까지
살아온 것이 덤이었습니다.
생각하면 감사밖에 없습니다.
때로는 힘들고 고생스러울 때도 있었고
억울하고 분통 터지는 때도 있었고
조소 섞인 비웃음을 받을 때도 있었고
통곡하며 아파할 때도 있었지만

그때마다 주님이 인도해 주셨습니다.

나를 아시는 주님이

늘 나와 함께 해 주셨고

"모든 것이 합력하여 선을 이루도록" 해 주셨습니다.

언제일지는 알 수 없으나

죽음을 생각하며 내가 할 수 있는 말은

주님 감사합니다.

주님 사랑합니다.

주님 행복합니다.

이 말밖에 할 말이 없습니다.

2013. 8. 20.

마음은

마음은 투명한 유리그릇 같은 것
깨어지기 쉬운 그릇이지만
꽃을 담으면
꽃 때문에 아름다운 꽃 그릇이 되고
맑고 깨끗한 생수 담으면
갈증을 풀어 주고
생기를 얻게 하는
소중한 생수 그릇이 됩니다.
그러나
마음에 독극물 담으면
모두에게 해를 끼치고
치명적인 상처를 주는
위험한 도구가 됩니다.
마음 그릇에 사랑을 담으면
사랑이 쏟아져 나오지만
마음 그릇에
추하고 더럽고 악하여
헐뜯고 상처 주는 것만 담으면
악취로 가득한 지옥이 됩니다.

입에 거품을 물고
악하고 추한 말 쏟아내는 것은
마음에 가득한 악 때문입니다.
이제는 우리 모두를
부끄럽게 만드는 마음의 찌꺼기들을
내려놓고 비웠으면 합니다.
마음 유리그릇이 깨어지면
모두가 상처입고 피 흐르게 됩니다.
우리는 마음을 깨뜨리지 않고
아름답게 하는 마음 보존하며
주님이 주시는
사랑과 희락과 화평
주님의 향기가 가득한 마음이 되어
행복이 가득한 세상 되게 했으면 합니다.

향기 나는 사람

사람에게도 꽃의 향기처럼
아름다운 향이 나는
사람이 있습니다.
꾸미지 않아도
순박하고 순수한 모습 그대로
말없이 뿜어내는 향기로
가슴 젖게 하는
아름다운 사람이 있습니다.

외형은 잘 꾸며서
화려해 보이면서도
종이꽃처럼 향기도 없고
덧붙여 놓은 외식 때문에
역겹고 추한 냄새 나는
사람도 있습니다.

깊은 산속에 핀 순박한 들꽃처럼
외딴 후미진 곳
사람들의 발길이 닿지 않는 곳에서
잔잔한 미소로

사랑의 손길을 내밀어 주고

토닥거려 위로하며

손잡아 일으켜 주는

가슴 따뜻하게 하는 사람은

향기로운 사랑의 사람입니다.

사랑은

사랑은 흐르기도 하고
멈추기도 합니다.
잔잔한 파도처럼
고요할 때도 있지만
세찬 파도처럼
밀려오고 가기를
되풀이하기도 합니다.
사랑은 소리는 없어도
향기는 있습니다.

귀뚜라미

귀뚜라미 한 마리가
베란다를 통해
우리 집에 들어왔다.
달 밝은 밤에
가을의 노래를
사랑의 노래를
들려주고 싶어서였겠지.
그 귀뚜라미가
죽어 말라 있다.
벌래 소독하는 사람 때문인지
알 수 없으나
집에서 귀뚜라미
노랫소리를
들을 수 없음이 아쉽다.

2013. 8. 28.

시원한 바람

하나님
시원한 바람 감사합니다.
길을 지나가는 여인이
친구와 휴대전화로 통화를 하면서
시원한 바람이
너무너무 좋다 말하면서 웃고 있습니다.
금년 여름은 너무 무더웠습니다.
여름의 막바지
푹푹 찌는 더위에 지친 모두에게
에어컨보다 더 시원한
바람을 보내어 주시니 감사합니다.
시원한 바람이 불면
하늘의 구름은 강물처럼 흐르고
숲의 나무와 꽃들은 춤을 추고
나뭇가지와 잎사귀들이
서로를 만지며 소곤소곤 좋아합니다.
이 시원한 산들바람이
산허리 감고 흐르며
빌딩 숲을 지나

열린 창문을 통해서라도
청와대와 국회를 비롯하여
꽉꽉 막혀 있는 답답한 세상 모두를
시원하게 뚫어 주었으면 좋겠습니다.
예수님을 통해
꽉 막힌 유대주의 숨통 열고
새 역사 일으키시고
초대교회 가운데
성령의 새 바람 불게 하셨던 것처럼
이 땅 교회에도
시원한 성령의 새 바람
불어오게 하셨으면 좋겠습니다.

아름다운 사람

모든 일에 최선을 다하고
힘들고 지쳐 있을 때라도
언제나 잔잔한 미소를 잃지 않는 사람
그는 참으로 아름다운 사람입니다.
어떤 상황에서도
평안함을 유지하며
사랑하는 마음으로
친절과 배려를 행하는 사람
그는 참으로 아름다운 사람입니다.
짜증나고 화가 나는 일이 있어도
주님을 생각하며
항상 감사로 살아가는 사람
그는 참으로 아름다운 사람입니다.
갖가지 시련과 힘든 여건 속에서도
아름다운 영혼을 가꾸기 위해
주님으로 중심을 잡으며
흔들림 없이 살아가는 사람은
참으로 아름다운 사람입니다.

2013. 9. 3.

은총의 시간

빛과 어둠이 교차하는 우리의 삶에서
어찌 좋은 일만 있겠습니까.
아프고 암담한 밤의 어두움이 있지만
한편 밤은 휴식을 위해
주님이 주시는 은총의 시간이기도 합니다.
창세기는 “밤이 되고 아침이 되니”라고 했고
구약 시인은
“사망의 음침한 골짜기도 두렵지 않으니
주께서 함께 하심이라”고 했습니다.
어둠의 시간은 주께서 함께 하심을 깨닫는 은총의 시간.
그러므로 주님 안에서 평온하시기 바랍니다.

2013. 9. 9.

거울

거울이 웃고 있습니다.
거울 속의 내가 웃고 있습니다.
거울 앞에서 웃는 사람에게
거울은 웃습니다.
아침저녁 때로는 수시로
거울 앞에 서서
나를 봅니다.
사람들의 표정이
너무 굳어 있어서
나는 그러지 않아야지 하며
나를 봅니다.
주님이 보실 때
내 얼굴이 아니라
내면의 모습 모실 텐데
생각하면 부끄러워집니다.
거울을 보며
주님의 모습을 보면
나를 보며 미소 짓고 계신
주님이 보입니다.

2013. 9. 11.

가을비

오늘같이 가을비 내리는 날에는
친구와 함께 창가에 앉아
따끈한 커피 향 마시며
촉촉이 가슴 적시는
정을 함께 나누었으면 좋겠습니다.
오늘 내리는 가을비
내 마음에 내리는 가을비는
작년 저 나라 간 아내와
저 나라 돌아갈 날 가까운
내 인생의 가을을 생각하게 합니다.
가을비는 단풍을 재촉하고
단풍은 낙엽 되어
땅에 흙으로 돌아갈 것입니다.
주님은 이 가을비로
열매를 더 풍요롭게 하시며
영혼도 더욱 충실하게 하시니
감사할 뿐입니다.
영혼에 내리는 가을비 감사합니다.

2013. 9. 18.

고향 생각

텔레비전 화면을 통해서
고향 찾아가는
사람들의 행렬을 봅니다.
기차역
고속버스터미널
고속도로 할 것 없이
고향 가는 사람들로 가득합니다.
모두가 갈 고향
그립고 사랑하는 만날 사람 있고
가서 만날 수 있는
고향 있으니 행복합니다.
그러나 나처럼
갈 고향이 없는 사람도
많은 것 같습니다.
하늘에 가 계신 어머니 생각
어릴 적 고향을 생각하며
먼 하늘을 바라봅니다.

2013. 9. 29.

뒤늦은 깨달음

새벽엔 비가 와서 산에 가지 못했다가 오후 4시가 지난 시간에 산으로 올라갔습니다. 하루 한 시간 정도의 운동은 체력 유지를 위해 반드시 해야 한다고 스스로에게 다짐하며 노력하고 있습니다.

산에서 내려오는데 번개가 번쩍하고 스쳐가듯이 내가 왜 이렇게 둔하고 깨닫지 못했었나 하는 깨달음이 왔습니다. 내가 지금까지 살아온 과정 가운데 내 능력으로 한 것은 하나도 없고 모든 것이 은혜요 감사요 행복뿐이었는데 내가 깊이 깨닫지 못했구나 하는 깨달음이 왔습니다.

인디언의 노래 가운데
내 앞에 행복
내 위에 행복
내 아래 행복
내 뒤에 행복
내 주위 모든 곳에 행복이라는 것이 있습니다.
사실상 산다는 것 자체가 은혜요 행복입니다.
창밖에 보이는 나무와 숲
여름의 매미소리
가을엔 풀벌레 소리 들을 수 있고

창을 통하여 아파트 놀이터에서
노는 아이들의 활기찬 모습
맑고 밝게 웃는 모습과 소리를 들을 수 있고
밤에는 밤하늘의 별과 달
초승달이었다가
반달이 되고
보름달 되어 활짝 웃고
상현달 되어 기울어지지만
새롭게 시작되는 세월의 변화를 보고 느끼며
살아갈 수 있음이 진정 행복한 것이요
이 모든 것 통해서 주님의 사랑을 보며
세미한 음성을 듣게 하신 것만으로도 감사한 것인데
왜 이제야 깨닫게 되었나 후회스러웠습니다.
너무 깨달음에 둔하고 무디었던 것이 부끄럽습니다.
항상 기뻐하고, 쉬지 않고 기도하며
범사에 감사했어야 하는데 참 둔했구나 생각합니다.
이제부터라도 어떤 상황에서라도
주님께서 나를 사랑과 은혜로 인도하고 계심을 느끼며
주님께 감사와 사랑을 고백하며
활기차게 살아가야 하겠습니다.

2013. 10. 4.

들꽃

들꽃이 조용히 피어
조용히 웃고 있습니다.
반겨 주건 않건 상관없이
들꽃은 언제나 조용히 웃습니다.
비바람이 와서
세차게 몰아치고 흔들어도
밟히고 꺾여도
불평도 원망도 할 줄 모르고
조용히 웃기만 합니다.
깎아지른 비탈길 아래
구석진 곳
햇빛도 잘 찾아오지 않는 음지
바위 틈 사이에
외롭게 핀 들꽃인데도
자기 모습 간직하고
꽃향기를 발합니다.
맑고 밝은 표정으로
모두를 반겨 주고 그러다
어느 날 때가 되면

시들고 고개 숙여 사라지지만
생명의 씨앗은 남기고 갑니다.
소박하지만 깨끗한 들꽃은
언제나 아름답습니다.

2013. 10. 12.

벽

허물어버릴 수는 없을까
정말 허물고 싶다
마음을 가로막고
생각, 주장, 아집으로
삶을 답답하게
모두를 아프게 하는
불통의 벽들을 허물고 싶다.
정치계도 종교계도
고립의 독방에서
소리쳐 분노하고
불통으로 스스로 망가져
으르렁거리는 짐승 같은
여와 야
보수와 진보.
창문이라도 열고
미소 짓고 손 내밀어
서로를 수용하고 포용하면
모두가 행복할 것인데.
벽도 밀면 문이 되고

벽을 헐면

벽 너머 탁 트인

푸른 하늘이 있고

밝고 따뜻한 희망도 있는데

이제는 벽을 헐고

서로를 탓하고 헐뜯는

마음과 힘을 합하여

벽을 넘어

밝고 환한

모두가 행복할

새 세상 만들었으면 좋겠다.

2013. 10. 15.

가을비

고3짜리 손자가 아침을 먹으며
오늘은 부침개 부쳐 먹자 말합니다.
비가 내리는 가을이 허전해서인지
가을비에 젖어드는 마음 때문인지
무엇인가 허전한 것 같습니다.
길에도 숲에도
이웃 여인들이 수다 떠는
공원의 정자에도
사람이 없습니다.
매일처럼 폐품을 주워 생계를 유지하는
가난한 노인의 초점 잃은 눈에는
비에 젖은 가을이 서글퍼 보입니다.
가을이 물들기 시작한 나뭇잎에
내리는 가을비는
헤어짐을 아쉬워하는
애련한 눈물처럼 흐르지만
그러나 오늘 내리는 가을비는
온갖 세상 먼지 깨끗이 씻고
고운 단풍으로 단장하고

붉고 아름답게 사랑하며 가라고 주시는
주님의 사랑의 비 같습니다.

2013. 10. 20.

천국의 하늘공원

곱게 물든 가을 단풍 보려고
먼 산으로 간 것인지
동리 뒷산 공원 언덕에는 사람이 없습니다.
새벽이면 수많은 사람들이 찾는 산
그런데 가을 주말인 어제와 오늘엔
텅 비어 있습니다.
혼자 산을 오르고 내리는데
천국의 하늘공원 생각이 납니다.
먼저 하늘나라로 간 아내가
지금 하늘공원에서 산책하고 있지 않을까
나와 함께 거닐었던 산과 바닷가
냄새 나는 개천 길도 즐거웠었는데
지금은 주님과
앞서 간 성도들과 함께
아름다운 천국공원 숲과 꽃길을
산책하며 즐거워하겠지 생각합니다.
내가 매일 찾아오는
인간으로 오염된 산과 숲 자연도
이렇게 아름답고 좋은데

주님이 계신 천국

주님이 사랑하는 자들을 위해 마련하신

하늘공원은 얼마나 좋을까 상상해 봅니다.

보지 못해 알 수 없으나

신비한 아름다움이 느껴져 옵니다.

주님과 아내와 내가 함께 손잡고

천국공원 산책할 상상에 설렙니다.

이후로는 천국공원 생각하며

꿈꿀 것 같습니다.

그날을 기대하고 기다리며

오늘도 주님 사랑을 고백합니다.

2013. 10. 22.

쓰레기 속에서

아름답고 화려한 꽃이라도
생기를 잃고 향기 잃어
시들어버린 꽃은
쓰레기로 버려집니다.
사람도 생기를 잃으면
학식이 많고
한때 잘 나가던 실력자라도
쓰레기처럼 버려집니다.
누구든지
사람에게 생기 있으면
향기가 나고
귀하고 소중한 자가 되지만
생기를 잃고
악취가 나고
시들어버린
쓰레기 같이 된 사람은
정치인이든 법관이든 종교인이든
썩은 쓰레기 되어
세상을 악취로 가득하게 만듭니다.

생기 잃고 악취 풍기는
수많은 사람들 속에
나도 섞여 있음을 발견합니다.
하나님은
생기 없는 쓰레기 같은 우리 속에
하나님의 생기를 불어넣어
하나님의 형상 닮은
하나님의 마음과 생각 가치관 가지고
향기롭게 서로 사랑하며
아름답고 존귀하게 살게 하셨으나
지금 세상은 타락하여
역한 냄새로 가득 찬
게헨나 같은 쓰레기장이 되었습니다.
악한 연기 나는 쓰레기장 세상을
하늘 공원 만드시려
사랑의 독생자 보내셨으니
우리를 불쌍히 여기사
주의 생기로 새롭게 하여 주옵소서.

2013. 10. 31.

10월의 마지막 날 새벽

늘 혼자 오르는
어두운 산길에 낙엽이 떨어지는데
낙엽 하나가 내 이마를 툭 치며
늙은 내 가슴으로 떨어진다.
때맞추어 떨어지려고
내 가슴으로 떨어지려고
새벽을 기다렸는지
거의 같은 시간에
같은 길
그 나무 아래로 왔으니
그럴 수도 있겠지만
내게 이별을 고하고 싶었던 것일까
걸음을 멈추고
떨어진 나뭇잎을 주워 본다
아직 단풍이 덜 물든 잎이다
80이 넘은 내게
주님은 무슨 말씀을 하시려는 것일까
세상은 온난화되고 환경이 변했지만
때가 되면 다 가는 거야

제 갈 길로 가는 거야
그것이 정한 이치요 아름다운 거야
머무는 것이나 떨어지는 것이나
다 귀하고 아름다운 것이야
떨어지는 순간도 아름답게 가야지.
주님, 제가 아름답게 살다가
아름답게 갈 수 있게 하옵소서.

2013. 11. 8.

낙엽을 보며

너와 나는 세상에 와서
함께 숨 쉬며 살다가 가는
나그네 같다
너도 파란 하늘이 좋아 하늘로 팔을 뻗은
나무의 잎사귀로 나서 자라며
바람과 벗하고
손을 흔들며
새와 다람쥐 불러 함께 노래하고
장난치며 행복했었지
사람이 더위에 지쳐 네 그늘 찾으면
너는 언제나 더위를 식혀 주고
모두가 즐거워하고 행복했었지
가을이 되어 모두기 네 그늘에서 떠나면
너는 빨간 옷 노란 옷 갈아입고
낮은 곳으로 내려와
말없이 갈 곳으로 가는구나
네가 내려오기 전에는
각자의 자리를 지키며 마주보다가
이제야 서로 손잡고 나란히 누워 있는구나

12월에는

시린 가슴 녹여 줄
따뜻한 정이 있었으면 좋겠습니다.
포근히 감싸 주고
따뜻하게 손잡아 주고
두 팔 벌려 꼭 안아 주는
어머니 품 같은 정이 그리운 계절
서로를 바라보며
환하게 함께 웃으면
그늘진 어둠은 눈 녹듯 사라지고
밝아진 마음에 행복감이
눈 쌓이듯 소복이 쌓일 것입니다.
추위에 굳어 있는 마음도
사랑으로 채워진
따끈한 차 한 잔 나누며
정이 담긴 말로 담소할 수 있다면
평안함이 깃들고
어둠으로 울적했던 마음에
밝은 미소가 번져 날 것입니다.
아기 예수님의 얼굴에 비치는
신비한 평화로움처럼

그런 평화가 가득하기를 바라는
12월은 사랑을 나누어야 할 계절
겨울 찬바람에 찢긴 깃발처럼
찢긴 마음들을 녹이는
따뜻한 사랑의 손길로
서로를 감싸 안았으면 좋겠습니다.
평화로운 마음
맑고 순박한 마음으로
새해 맞을 준비를 했으면 합니다.

바라보기만 해도 즐거움을 주는 사람은
함께 있지 않아도 평안함을 주고
먼 눈길로 보기만 해도 피하고 싶은 사람은
함께 있으면 거북하고 부담스럽습니다.
모두에게 사랑과 즐거움을 주는 것은
쉽지는 않겠지만
내 감정이나 자존심을 내려놓고
나를 비우고 내가 먼저 미소 지어 주고
사랑과 배려의 손 내밀어 주고
마음을 열어 포옹하고 포용해 준다면
모두가 행복해질 것입니다.

12월의 밤

어느새 왔는지
12월의 밤이
불쑥 와서는
말없이 지나가고 있습니다.
타야 할 막차를 놓쳐버린
공허함 같은 어둠이 깊어 가는
12월의 밤은
왜 이렇게 어둡고 조용한 것인지
바람도 없고
소리도 없고
흐느끼고 싶도록 조용합니다.
겨울밤의 나뭇가지에
혼자 앉아 있는
외로운 새처럼
어두움에 막혀 있는
12월의 밤은
가난하고 춥고 외롭습니다.

2013. 12. 18.

겨울 산

해가 질 무렵의 겨울 산이
침울한 표정으로 흐느끼고 있습니다.
왜일까
잎이 떨어진 나뭇가지에
새들이 없고
뛰어다니며 장난치던 다람쥐도 없고
차가운 겨울바람이 추워서인가
흔들어대는 겨울바람이 춥기는 하지만
그래도
서로서로 함께 기대고 있는
친구들이 숲이 되어 있으니
고마운 일 아닌가.
해가 지고 어둠이 와도
서로 기대어 정을 나누면
따뜻해지고
솜이불 같은 눈이 산을 덮으면
정겨운 겨울 산이 아늑하고
낮에는 눈부실 것인데
왜 흐느끼고 있는가.

혼자인 늙은 나는
해 지는 황혼이나
바람 부는 추운 밤이 외롭지만
오갈 데 없는 노숙자 생각하면
감사할 것뿐인데
그러나
왠지 어두워 오는 겨울 산은
모두에게 외로울 것 같다.

2013. 12. 30.

지는 해를 바라보며

해가 지고 있습니다.
해가 진다고 모든 게
끝나는 것은 아닙니다.
시작이 있었으니
끝도 있는 것이요
아침에는 해가 떠오르고
저녁에는 하루를 끝내며 쉬고
하루하루 새벽이 오면
하늘 바라보며 일어나서 가고
또 가고 하기를 365일
아침과 낮과 밤
지치고 피곤하여 녹초가 되고
가시밭길에서 넘어지고 찢기며
걸어온 지 80여 년이 되었습니다.
그러나 지금까지의 모든 것
주님의 은총이었고
사랑의 이끌어 주심이었습니다.
나이가 들어 늙고 쇠하면
삶에 대한 미련과 아쉬움이 커진다는

사람들도 있습니다.
그러나 나를 주님 안에 있게 하셨으니
아쉬울 것이 없습니다.
나이가 들면서
주님의 사랑 더 알고 깨닫게 되어
날마다 감사가 더해지고
마음이 여유로워지고 평안해졌습니다.
해가 바뀌고
내 육신 나날이 쇠약해져도
주님 안에 호흡하며 살고 있으니
감사할 것밖에 없습니다.
주님 사랑합니다.

2014. 1. 3.

그리움

밤 거실의 불을 꺼 놓고
어두운 창가에 서서
멀리 남쪽 하늘을 바라봅니다.
가고 싶으나 갈 수 없는 그곳으로
마음이 구름이 되고
바람이 되어 흘러갑니다.
물길 따라 흐르듯 흐르기도 하고
낙엽으로 쌓이듯
마음에 그리움이 쌓입니다.
엄마 생각
친구 생각
천국에 가 있는 아내 생각
그래도
가슴에 그리움을 담고
살아갈 수 있음이
행복이요 은혜입니다.

기다림

기다림이 있는 마음이 행복합니다.

만날 수 있고

만날 사람 있음이 행복합니다.

별이 사라지고 어둠이 가고 또 가고

새 하루가 오고 또 오고

만남의 날이 가까이

다가오고 있음에 설렙니다.

소리 없이 왔다가는 고요함이

마음을 그리움으로 젖게 하고

기다림은 마음을 정화시켜 줍니다.

참 친구

오늘 흐뭇하고 즐거웠습니다.
격식을 찾아야 하지만
격식을 생각하거나 따지지 않고
컵라면을 함께 먹으면서도
즐거울 수 있는 사람
남에게 말하기 거북한 말이라도
털어놓을 수 있는 사람
어떤 것이든 흉허물일 수 없는 사람
울고 싶을 때는 그 앞에서 울기도 하고
웃고 싶을 때는 함께 웃을 수 있는 사람
말없이 우두커니 앉아 있어도
옆에 있는 것만으로도 평안한 사람
그런 사람이 참 친구일 것입니다.
그런 친구가 있음이 행복입니다.

머뭇거리는 사이

팔십의 고개를 넘은 우리는
이제 달려가기보다는
천천히 걸으며
하늘과 구름 그리고 나무와 숲을 보고
새들의 노래 들으며
느긋한 마음으로 서로를 사랑하며
여유로운 행복을 누려야 할 때인데
머뭇거리고 있는 사이에
그 축복을 놓쳐버리고 있는 것 같습니다.

목표를 향해 앞만 보고
달려가느라 쫓기며
지치고 쇠하여 메말라버린 마음
내려놓고 비우며
감사로 채우고
사랑의 정으로 가꾸어
행복의 꽃밭 되게 해야 하는데
머뭇거리고 있는 사이에
텅 빈 공허가 삶을 점령한 것 같습니다.

이제는 조급해 하지 않고
죽음을 미소로 바라보며
평안하고 너그러운 마음으로
말이 없어도
다정한 시선과 사랑의 손길로
따뜻하게 서로를 안아 주며
함께 평온해졌으면 좋겠습니다.
머뭇거리고 있는 사이에
우리의 시간은 초침처럼
지나가버릴 것이기 때문입니다.

2014. 1. 23.

하루하루

밤새 평안했느냐고 묻는 인사가 실감나는 아침입니다.

잘 자고 났는데 몸 상태가 이상해졌다는 느낌이 옵니다.

"너희 생명이 무엇이냐 잠깐 보이다가 없어지는 안개니라"(약 4:14)는 말씀도 생각하게 됩니다.

내가 친구의 허전함과 아픔을 만져 주어야지 했었는데
허언이 될 수도 있겠구나 하는 생각도 했습니다.

매일 그 하루를 생의 끝 날인 것처럼 살아야지 하는 말이 실감됩니다.

뒤로 미룰 시간과 기회는 없을 수 있는 것이므로
하루하루 자기가 할 수 있는 모든 일에
최선을 다하는 것이 잘사는 것이겠지요.

오늘도 주신 하루를 힘이 닿는 데까지 노력해야 하겠습니다.

별

남쪽 밤하늘에는 언제나 나의 별이 있습니다.
캄캄하여 외로울 때에도
힘겹게 넘어야 하는 밤의 언덕길에도
산속 바위틈에도
달빛 없는 황야의 나그넷길에도
별은 내 곁을 지켜 주고 있습니다.
찬바람이 불고
꽁꽁 어는 한겨울의 밤에도
언제나 별은 있습니다.
그러나 나의 별은
언제나 저만큼
아련하게 있습니다.
너무도 아름다운 별
내 손에 쥘 수는 없으나
내 별은 내 가슴에
환한 빛으로 안겨 있습니다.

겨울비를 맞으며

겨울비를 맞으며 산에 올랐습니다.
비오는 겨울 산을 우산 없이
늙은이가 무슨 청승이냐 비웃을지 몰라도
오히려 비를 맞으며 걷는
늙은 메마른 감성을 겨울비가 촉촉이
적셔 줄 것도 같아 기도하며 올랐습니다.
메마른 고목나무가 겨울비로 인해
올 봄에 새싹을 내고 꽃을 피우듯
늙은이의 삶에도 감성의 새싹이 나고
꽃을 피우게 하소서 하며 올랐습니다.
창가에 앉아 커피 마시며 겨울비의 습기를
감상하고 있기보다는
숨이 있는 순간까지는 추억을 만들며 살자 생각했습니다.
겨울비는 가슴 시리고 아픈 사람들의
눈물일지 모릅니다.
겨울비 소리는 텅 빈 공원 벤치에서 들려오는
비탄의 소리 같을 수도 있습니다.
그러나 겨울비는 봄을 위한 새 생명의
축복일 수도 있습니다.
하나님은 사랑이시기 때문입니다.

2014. 2. 2.

생각을 바꾸어

사람들은 미래의 행복을 위해서
사회적 규범이나 체면 때문에
현재를 누르고 희생하며
젊음도 중년의 삶도
포기하고 살다가
늙고 쇠하고 병들어
기력을 잃고 난 뒤에는
과거에 대한 후회로 한숨 쉬고
추억의 무덤에서 방황하고
쓰라린 상처로 아파하며
과거에 갇혀 사는 삶을 삽니다.
이들 모두는
현재를 다 놓쳐버리고 잃어버려
현재가 없어 공허해합니다.
그러나 이제는 생각을 바꾸어야 합니다.
현재를 최대한으로 선용하며
즐겁게 기쁘게
감사함이 가득한 행복으로
살아가도록 해야 할 것 아니겠습니까.

황혼

서울숲 겨울나무 사이에
나란히 앉아 있는 두 사람
너머로 황혼이 진다.
80이 넘은 두 노인이
서로의 어깨를 서로 기대며
가슴 속 아직은 식지 않은
사랑의 향로에 향을 채운다.
서로의 길을 멀리 달려왔으나
아쉬움으로 살아온 세월
그 발자국 밟으며 노을이 지는데
그 노을을 함께 바라보며
잔잔한 그리움으로 가슴을 적신다.
지금 우리에게 젊음은 없지만
아직 남아 있는 사랑의 불씨를 일구어
우리의 노년이 붉고 아름답게 타는
고운 노을
이 아름다운 노을 같기를 바란다.

항상 함께 있고 싶은 사람
함께 있으면 늘 기쁘고 즐거운 사람

함께 있을수록 더욱 행복해지는 사람
한시도 잊히지 않는 사람
새벽에도 낮에도 밤에도
혼자 있을 때도 많은 사람 속에 있을 때도
마음과 생각 속에 있는 사람
그런 사람 있음이 행복이요
그런 사람 만날 수 있음이 행복이요
그런 사람 사랑할 수 있음이 행복이요
그와 손잡고 공원을 거닐고
그와 햇볕 속에서 담소하고
그와 사랑하는 즐거운 시간을
함께 누릴 수 있음이 행복이요
감사입니다. 주님 감사합니다.

길

길이 있어도 갈 수 없는 길
그리움이 한이 없어도
갈 수 없음이
두고두고 마음 아프다
그 길이 험한 길
외딴 길
아무도 가지 않는
외로운 길이라도
사랑하는 사람과 같이 갈 수 있다면
어디든 좋을 것 같다.

2014. 3. 1.

3월이 되니

3월이 왔다. 어제 2월 28일과 하루의 차이지만 왠지 세상이 달라진 것 같다. 달라진 것 같다가 아니라 확실히 달라졌다. 마음도 느낌도 달라졌다.

겨울 추위에 얼어 있던 땅에 푸른 새싹이 나고 웅크리고 있던 나뭇가지들이 기지개 펴듯이 활기찬 힘을 느끼게 되었다.

왜인지 이유는 알 수 없으나 봄 하늘을 즐겁게 날며 노래하는 새처럼 신나는 기분이니 참 좋다.

***

3월이 되니
남쪽 내 고향 동리 앞 계곡으로 흐르는
맑은 냇물 소리와
냇물 속에 피어 있는 버들강아지가
봄의 미풍에 흔들리는 소리가 들린다.
모두를 꽁꽁 얼게 했던
겨울의 추위를 쫓아내고
따뜻한 햇살에
새 움 돋게 하는 봄
꿈틀대는 활기 찬 생기로 가득한

벌판과 산천이 보인다.
산고의 고통 뒤
안도의 숨을 쉬며
입가에 번지는 미소처럼
봄의 꽃봉오리 가운데
노란 개나리가 피어나고 있다.
역사의 뒤뜰에는
아직도 3.1절의 아픈 함성이 들리지만
그러나 3월은
겨울을 이겨낸 꽃과 나무 그리고
사람들의 가슴에 아름다운
사랑의 숨결이 피어나고 있다.
아름다운 3월을 주신 하나님 감사합니다.

새 힘 얻기를 바라며

봄이 오고 있습니다.
우리에게 봄이 환한 미소로
다가오고 있습니다.
우리의 나이가 무슨 문제겠습니까
비록 나이 들어 몸은 약하고 둔하지만
화창한 봄볕 속에서
그것이 무슨 문제겠습니까
마음에 사랑이 있고
서로 만나면 기쁨이 있고
함께 기대면 따뜻한 정이 있고
정이 아름다운 꽃처럼 살아 있는데
무엇을 더 바라겠습니까
이 나이에도 다시 봄을 맞이할 수 있고
함께 봄나들이도 할 수 있고
봄볕 받으며 걸을 수 있고
공원 벤치에 함께 앉아
봄의 꽃을 보며
석양의 해를 바라봄도 행복하지 않습니까
기력을 찾고
새 힘 얻기를 기도합니다.

2014. 3. 7.

꼬마처럼

초등학교 1학년짜리 꼬마가 하굣길에 엄마 손잡고 싱글벙글 웃고 있다.

껑충껑충 뛰어가다시피 하는 모습이다. 지나가는 모습을 지켜보는 나도 즐겁다.

곁에서 엄마가 묻는다.

"뭐가 그렇게 신나니?"

"좋아서."

"뭐가 그렇게 좋은데?"

"엄마 손잡고 가는 게 좋아서."

그 소리에 엄마도 웃는다.

어린 꼬마는 엄마와 함께 집에서 살고 있을 것이다. 함께 잠을 잘 것이다. 그런데도 엄마와 손잡고 길을 가는 것이 그렇게 좋은 것이다.

우리는 주님의 손잡고 가는 것을 저 꼬마처럼 좋아하고 있을까.

주님의 손잡고 가는 것은 엄마 손잡고 가는 것 이상으로 신나고 좋은 것인데 왜 우리는 그 좋은 것을 기뻐할 줄 모를까?

2014. 3. 17.

봄비

꽃을 피워 주고 싶어서일까
새싹을 움돋게 하고 싶어서일까
이 어두운 밤에
나직하고 조용한 소리로
속삭이듯 내리는 봄비
어린아이 숨결같이 약하지만
겨우내 숨죽였던 땅을 깨우고
나무며 꽃들을 깨우겠지만
내 마음을 적시며 내리는 봄비는
그리움의 아지랑이 피게 하고
사랑으로 촉촉하게 해 주니
참 아름다운 봄비
사랑의 봄비 참 감사하다.

2014. 3. 23.

사순절 주일 아침

이 아침에 주님이
밝은 햇살을 비추어 주셨습니다.
그 햇살에
내 내면을 비출 수 있었으면 좋겠습니다.
그늘진 생각
음침한 마음
숨겨진 부끄러운 욕망
때 묻은 추한 습성
나를 더럽히는 것들을
주님의 밝은 햇살에 끄집어내어
버릴 것은 버리고
더러운 것은 씻으면 좋겠습니다.
때 묻어 찌든 옷을 빨고
이불 먼지는 털어 햇볕에 말리듯
내 속사람을 깨끗이 빨고
주님의 빛에 말렸으면 좋겠습니다.
주님의 햇살 앞에
감추어질 것은 아무것도 없으니
주님의 십자가 피로 씻어 정결케 하시고

세속에 젖어 오염된 마음을

주님의 햇살에 말려

새롭게 하여 주옵소서.

2014. 4. 17.

세월호

친구야

어제 일어난 큰 해상 사고로

실종된 자녀를 부르며

네가 없으면 우리는 무슨 낙으로 사냐며

울부짖는 부모의 모습이

눈시울을 뜨겁게 하는 아침인데

남쪽은 비가 내리고

여기엔 햇빛이 났네

친구야

이럴 때 우리는 어떻게 해야 하나

그래도 우리는 침울함보다는 기도해야 하겠지

그리고 아파하는 사람들의 손을 잡아 주고

쓰라린 가슴 달래어 격려하며

미소로 위로해 주어야 하겠지

친구야

오늘도 찬양하며 최선으로 살아야지

애석하게 간 사람들 생각하며

더 열심히 살아야 하겠지.

2014. 4. 20.

오늘은 부활절

한낮의 햇살이 눈부시게 밝고
하늘은 부활하신 주님이 활짝 웃고 계신 것처럼
맑고 투명하기까지 합니다.
산이며 나무와 꽃들이
부활하신 주님을 반기듯
푸르고 싱싱하게
불어오는 바람과 함께
손을 흔들며 웃고 있습니다.
하나님은 인간의 죽음이 싫으셔서
슬퍼하고 울고 있는 모습을 보기에
너무 마음이 아프셔서
주님의 부활을 통해
영원한 생명을 주시려 하신 것 같습니다.
세월호 침몰로 미어지는 아픔의 통곡 같은
인간의 죽음
그 영원한 죽음이 싫으셔서
아들 예수님의 십자가 죽음을 통해
죽음 후에 올 영원한 생명의 부활을 보여 주시려고
예수님을 부활의 첫 열매 되게 하신 것 같습니다.

부활을 통해 보여 주신
하나님의 사랑
푸른 생명으로 아름답게 하시는
하나님의 큰 사랑 감사합니다.

2014. 5. 12.

숲속의 새벽

간밤에 내린 비에 숲길이 말쑥하고 깨끗해졌습니다.
빗물로 맑게 세수한 나뭇잎들이 해맑게 웃고 있습니다.
그러나 숲길 위 여기저기에 아카시아 꽃이 하얗게 떨어져
허망한 마음이 들게도 하는 새벽입니다.
오늘 따라 까마귀와 까치가 요란스레 울고
그 소리에 기가 죽었는지
비둘기 한 마리가 길 위에 미동도 하지 않고
조용히 앉아 있고
새소리는 전혀 들을 수 없습니다.
5월의 숲은 한층 더 녹색으로 짙어지고
새벽의 공기는 생수를 마신 때처럼 몸을 시원하게
생기로 가득 채워 주기에
그 생기에 젖으며 두 팔을 벌려
크게 호흡하며 기도하였습니다.
주여 내 몸 전체에 생기로 채워 주소서.
정말 아름다운 생기 넘치는 숲속의 새벽입니다.
오늘은 참 행복할 것 같습니다.
아름다운 하루로 출발하게 하시니 감사합니다.

***

토요일 밤에 자몽 한 상자를 받았습니다. 누가 이렇게 좋은 과일을 우리에게 보내신 것일까? 택배회사로 전화를 했으나 전화기가 꺼져 있어서 알 수 없었습니다.

오늘 시내 식당에서 손님을 만나고 있는 시간에 집사님이 보내신 것이라는 연락을 받았습니다. 분에 넘치는 귀한 선물 보내어 주셔서 정말 감사합니다. 한편 어떻게 인사하고 답해야 할지 알 수가 없어서 당황스럽기조차 합니다. 집사님을 만나보고 싶었는데 적당한 시간에 한번 찾아가 뵙겠습니다. 늘 평안하십시오.

2014. 5. 30.

밝은 해

오늘 아침도
주님은 밝은 해를 주셨네요.
해가 밝게 웃으며
산 위로 올라오고
반갑다 인사를 하네요.
또 하루 활기차고 즐겁게
함께 행복하라고
달콤한 새벽 공기를 바람에 실어 보내며
숲속을 새들의 노래로 채워 주시네요.
오늘은 반가운 친구들을
만나기로 한 날
이젠 우리 모두 석양에 저 가는 해 같지만
남은 하루하루 한 시간 한 시간을
떠오르는 해 같이
밝게 웃으며
즐겁고 환한 미소로 살라네요.
친구
지금 창문을 두드리고 있는
저 밝은 해를 보아요.

2014. 6. 6.

텅 빈 집

맑고 푸른 하늘

짙은 녹색으로 풍요로운 숲

시원한 나무 그늘

아쉬울 것 없는

6월의 휴일

함께 나들이하기에 참 좋은 계절

이곳저곳으로 모두 나가고

텅 빈 집에

혼자된 나는 참 외롭습니다.

활짝 열린 창문으로 바람이 들어와

몸을 시원히 감싸 주지만

텅 빈 마음은 채워 주지 못합니다.

아무리 좋고 아름다운

장미의 계절이라도

혼자 있는 계절은 즐겁지 않습니다.

2014. 6. 30.

붉은 태양의 경고

오늘 새벽 붉은 태양 보셨나요.
황금빛 환한 태양이 아니라
핏빛 붉은 태양이었습니다.
구름 때문일까
새벽을 뒤덮고 있는 구름을 거둬내고 싶어
태양이 불을 뿜는 것일까
새날 새벽 힘차게 일어나
붉게 타오르는 하늘을 보라고 하는 것일까
지금은 늦잠에 취하고 있거나
꾸물거리고 있을 때가 아니라
하늘의 징조를 보고 긴장하고
정신을 차리며 영적으로 무장할 때임을
알라는 하나님이 주시는 징조일까.
붉은 태양이 한 시간여 동안
아름다움보다는
경고하려는 신호처럼 보이는 아침이었습니다.

사진 속의 나

사진 속의 나를 본다.
웃고 있다. 그러나
사진 속의 나를 보기가 민망하다.
사진 속의 나를 만족해 본 일이 없지만
최근에 사진 속에 늙어 있는
나를 보기가 민망하다.
아름다운 모습은 없고
일그러지고 초췌해진 나
웃고는 있지만 왠지 실소 같은 허허로움뿐
생기도 존귀함도 보이지 않는다.
늙었어도 훈훈함을 느끼게 하고
호감을 주는 자일 수도 있을 텐데
내가 보기에도 지루하고 호감이 안 간다.
더더욱 외모 안에 감추어진
내 내면의 모습을 보면서
사진을 덮어버리고 싶도록 부끄러워진다.
내가 보아도 호감이 안 가는 나를
누가 좋아하겠는가
주님은 사진 속의 나를 보시며
무엇이라 하실까.

2014. 7. 1.

7월의 푸른 생기도

풍성한 푸름으로 가득한
하늘과 바다
산과 숲과 계곡처럼
7월은 푸른 생기로 가득하면 좋겠습니다.
숲의 나뭇가지와
창문 사이로 불어오는 시원한 바람이
언제나 즐거운 계절
7월엔 답답한 세상
막혀 있는 사람사람 사이에
소통의 바람이 시원하게 불었으면 좋겠습니다.
숨이 콱콱 막히는 세상
삿대질하고 고함치며 핏대 올리는 것이
일상이 되어버린 세상
등을 두드리며 격려하고 용기를 주는 대신
비난하고 비판하며
위로와 격려의 꽃다발 대신
엿을 던지며 엿 먹으라 비아냥거리는
억장 무너지고
숨 막히는 이 땅에

사랑과 배려와 격려의 소나기
시원한 소나기
힘찬 소나기가 쏟아졌으면 좋겠습니다.

2014. 7. 8.

한여름에 핀 코스모스

가을을 기다리지 못하고
이 뜨거운 여름
동리 뒷골목 빈터에
외롭게 핀 코스모스
제대로 자라지도 못한 게 애처롭다.
코스모스는 함께 무리지어
서로 기대고 서로 몸을 부비며
서로 흔들며 웃어야 하는데
어디서 날아왔는지
이방인처럼 혼자 피어
외롭게 서 있으니
더더욱 애잔해 보인다.
함께 있어도 외로워지면 힘이 드는데
혼자 비바람 맞으며 서 있기가
얼마나 힘이 들겠는가
그래도 하늘을 향해 열린 네 꽃 입술은
가을 하늘처럼 맑고
소녀같이 순결해서
내 마음에 하늘을 품게 하니

가을 같은 코스모스임이 틀림없구나.

무더운 서울의 모퉁이

한적한 길가에 혼자 피었어도

수줍게 웃고 있는 너

네 꽃말처럼 너는 순정이로구나.

2014. 7. 13.

참 예배자

주일 아침 식사를 하며 찬양을 듣다가
울컥 눈물이 쏟아져 나왔습니다.

"예배하는 자들 중에 그가 찾는 이 없어
 주님께서 슬퍼하시네
 주님이 찾으시는 그 한 사람 그 예배자
 내가 그 사람 되길 간절히 주께 예배하네."

우리가 주님을 섬기며 예배드린다고 하지만
주님이 찾으시는 참 예배자를 찾을 수 없다고
탄식하시는 신음소리가 내 가슴을 울렸기 때문입니다.
오늘 주일 예배는 형식적 예배자가 아니라
진정으로 주님을 사랑하고 감사하며
찬양하는 예배가 되도록 해야겠다는
갈망을 가지고 예배드리려 합니다.
오늘의 예배가 주님이 기뻐하시는 예배가 될 수 있기를
함께 기도해 주시기를 바랍니다.

2014. 7. 13. 오후.

이상한 고요

구름이 덮여 있는 무더운 여름 오후
오늘 따라 바람 한 점 없습니다.
그런데 이상하게도
오늘이 주일이기는 하지만 이 오후엔
벽으로 꽉 막힌 아파트 숲 사이에도
고요와 평화의 여유로운 여백이
시원한 냇물처럼 흐르고 있습니다.
왜일까?
내 눈이 잘못 된 것일까?
아무리 봐도 이상한 고요입니다.
그 고요함 속에 들리는 소리가 있습니다.
"무거운 짐을 내려놓아라"(마 11:28)
"너희는 마음에 근심하지 말라"(요 14:1)는
사랑의 주님의 음성입니다.
내려놓기, 비우기, 마음에 여백 만들기
상처 미움 염려 걱정 근심
빈틈없이 가득한 마음 때문에
여유로움을 잃고 있는 우리가
내려놓고 비우면

고요 속에 흐르는 주님의 평화를
누릴 수 있게 한다는 말씀 같습니다.
답답한 이 삶 속에서
휴식을 잃어버린 우리의 마음에
고요한 평화를 얻을 수 있다면
얼마나 좋겠습니까.

2014. 7. 14.

여백이 있는 삶

오늘도 서울의 하늘은
구름으로 덮여 있어서 답답하다.
구름이 덮여도 그 사이에
파란 여백이 있으면 숨통이 트이고
아름답기도 한데
하늘이 답답하니
도시 전체가 답답해 보이고
마음도 답답하여 숨이 막힐 것 같다.
삶에 여백이 있어야 아름다운데
여백이 없는 세상
여백이 없는 사회
여백이 없는 인간관계
여백이 없는 사람과 삶
여백이 없는 풍경
모두는 숨이 꽉 막힐 것 같다.
푸른 여백이 있는 하늘이라야 시원하고
여백이 있는 밤하늘에는 별이 뜨고
달도 사랑을 속삭이며 흐른다.
탁 트인 하늘의 여백이 있으니

산의 능선과 봉우리가 아름답고
숲속 나무와 가지들도
여백이 있어서 아름답다.
여백을 두면 안 되는 것처럼
찢고 싸우고 헐뜯고 비난하고
숨 쉴 틈도 없이 몰아치는 세상
조금은 참고 기다리고
이해하고 관용하고 포옹하며
미소로 여유로움을 가지면
호수같이 잔잔한 평화가 흐르고
넉넉한 여유로움이 올 것 같은데
왜 몰아치기만 하는 것인가
마음에 여유로운 여백이
평화로운 화평의 여백이
참고 사랑하는 여백이
삶에 행복을 주는 여백이
모두에게 축복의 여백이 생겨나기를

반달

오늘 밤 하늘에 반달이 떴다
반쪽은 어디로 가고
왜 반쪽만 남았나
그가 품에 안고 있는가
차라리 전부를 다 안지
왜 반쪽만 안았을까
가슴에 차오르는 그리움 모두를
품으려고
밤하늘에 찾아 나온 것인가
그럴지도 모르지만
마음에 품었던 사랑의 애절함을
보여 주려 한 것인지도 모르지
아니면 기우는 사랑을
버리려는 것일 수도 있겠지
그래도 반달은
잠들지 못하는 나를
애처로운 눈으로 내려다보는
그의 눈동자 같기도 하다.

2014. 7. 17.

비를 맞으며

우산을 쓰고 숲으로 간다.
모처럼 내리는 비를 맞으며
숲길을 걷는다.
장마철이라고 하지만
비 없는 마른장마
하늘도 땅도 마음도 메말라
기다리던 비를 맞으며 걷는데
소나기처럼 쏟아지는 비가
마음과 세상을 적셔 식히며
냇물 되어 흐른다.
우산을 쓰고 가는 숲길이
비에 젖고 마음도 함께 젖는데
비를 맞으며 노래하는
새의 노랫소리가 아름답다.
이 숲길을
한 우산 함께 쓰며
함께 걸을 수 있었으면 하지만
혼자 걷는 빗길이라도
비 오는 숲길을 걸을 수 있음이 감사하다.

2014. 7. 30. 새벽 1시 반.

별을 보고 싶다

잠자다 깨어 잠이 안 온다.
오늘 친구들과 강화로 간다.
나는 강화에서 바다와
특히 밤하늘을 보고 싶다.
장마가 끝난 뒤
찌는 듯한 더위와 햇살이 마음 쓰이지만
맑은 밤하늘에서 별을 볼 생각에 설렌다.
캄캄한 시골의 밤
마당에 돗자리 펴고 앉아
모깃불 피워 놓고
밤하늘의 별을 보며 좋아했던 어린 시절
그때의 느낌을 가져 보고 싶다.
반짝이는 별과
밤하늘에 포물선을 그리며 떨어지는
유성을 보며 감탄했던 시절
별을 보지 못하고 지나온 세월이
꽤 오래인 것 같다.
맑은 밤하늘의 아름다운 별을 보며
때 묻고 시들어진 늙은 감성을

눈물 같은 별빛으로 씻어내고
흠뻑 젖어 보고
빛을 잃어 가는 마음을 별빛으로 채워
맑고 밝고 뜨겁게 되고 싶다.
또 저 밤하늘 별에서
먼저 하늘에 가 있는
아내의 어질고 착한 눈을 보고 싶다.

2014. 8. 2.

하늘의 구름처럼

흰 구름 몇 점 아주 조용히
소리 없이 흐르는 하늘을 보며
마음의 빈자리를
하늘과 구름으로 채워 본다.

내 마음 헤아려 줄 이 아무도 없어도
들려오는 웅장한 음악소리 없어도
푸른 숲과 하늘, 흰 구름이
평안함을 준다.

더 이상 무엇을 바라겠는가
하늘과 흰 구름과 고요가 흐르는
평화로운 여백이 있는 마음
정말 아름답다.

때 묻지 않은 투명한 풍경 속에
조용히 흐르는 감사와 사랑
정지된 듯한 시간의 여백
소리 없이 흐르는 사랑의 숨결

놓치고 싶지 않다.

마음을 채웠던 모든 것 다 비우고
평화로움이 아주 조용히
맑은 하늘의 흰 구름처럼
끝없이 흘러가게 하고 싶다.

속 끓이며 애타 하는 조바심이나
허망한 미련이며
어리석은 욕망을 비우고
맑은 하늘에 흘러가는 흰 구름처럼
아름답게 흘러가게 하고 싶다.

2014. 8. 18.

파도와 모래사장

둘은 몹시 사랑하나 보다
달빛도 없는 바닷가
한낮에 와서 뛰어놀던 아이들도
다 가버린 텅 빈 바닷가에
파도가 소리치며 달려온다
어디서부터 달려왔는지
엄마의 품에 안기듯
파도는 뒹굴며 안긴다
어떤 놈은 속삭이듯 기진한 소리로
어떤 놈은 세차게 소리치며 부딪고
숨을 헐떡이며 달려와서는
모두가 그 품에 안긴다
그 모두를 말없이 받아 품는 모래사장
밀려오고 또 밀려와
뒹굴고 또 뒹굴며
잦아들고 안기는 파도를
모래사장은 말없이 모두를 받아 품는다
일렁이고 출렁이며
먼 길 왔을 파도들

지치고 피곤한 파도들이
스스럼없이 뛰어들어 안기고
받아 수용하며 잠재우는 모래사장은
넓은 엄마의 사랑 품인 것 같다
아무리 무서운 성난 파도라도
사랑의 품을 밀쳐내고
뛰어넘지 못하는 것 같다
인간에게는
세상의 온갖 세찬 파도
받아 수용하고 잠재울
넓고 깊은 사랑의 품은 없을까
지친 마음 잠재울
평안의 품은 없을까

파도의 외침

파도가 밤새도록
뜨거운 숨을 토하며
바닷가에 남겨 놓은
모든 얼룩이며 흔적들을
다 지워버렸다
어제의 삶의 찌꺼기들을
다 씻어버리고
새롭게 살라고
새 아침 새 하루를 주려고
밀고 또 밀고
구르고 또 구르며
지칠 것도 같은데
파도는 지칠 줄 모르고
끝없이 힘을 다하는 것 같다
쓰러졌다가 다시 일어나며
다시 도전해 온다
일어나라 새 아침이 왔다
새 마음을 가지고
새 아침의 기운을 얻어
새 역사에 도전하라고

떠오르는 태양과 함께
파도가 외치고 있다
이것이 주님의 외침이리라

2014. 9. 18. (음 8. 25.)

상현달을 보며

지금이 새벽 2시 한밤중인데
동쪽 하늘에 뜬 상현달이
내 창문을 유달리 밝게 비추어
창문을 열고 하늘을 본다.
추석 이후 달은 매일
밤하늘에 떴을 터인데
왜 그동안 달은 못 보고
오늘에야 보이는 것인가
그나마 초점이 흐려진 늙은이의 눈에도
하늘에 뜬 상현달을 볼 수 있으니
참 감사하다는 생각이 든다.
저 달마저 볼 수 없는 날을 위해서
오늘따라
가을의 밤하늘 정취에 젖어 보게 하는 것 같다.
새벽하늘에 별들도 많을 터인데
내 시야에 뚜렷하지 않으니
주어지는 영역에서라도
매일을 감사하며 행복해해야지 하는 생각이 든다.

2014. 9. 22.

하늘을 보며

우리는 하늘을 보며 삽니다.
새벽에 일어나 맨 처음 창문을 열고 하늘을 봅니다.
새벽이든 낮이든 밤이든 집을 나서면서 하늘을 봅니다.
하늘이 맑으면 마음도 맑고 깨끗함을 느끼고
하늘이 흐리면 마음도 기분도 흐리고 우울해집니다.
맑은 하늘에 하얀 구름 떠가는 것을 보면서
우리는 마음을 하얀 구름에 실어
가보지 못한 산천과 계곡이며 들판과 동리들을 상상하며
꿈에 젖어 보기도 합니다.
우리가 보는 하늘은 푸른 하늘이기도 하지만 그러나
그보다 그 하늘 가운데 계신 주님을 보고 그 얼굴을 보는 것이기도 합니다.
우리는 하늘에서 태양과 달 별 구름만 보는 자가 아니라
주님의 얼굴을 보고 사랑의 눈길로 미소 짖고 계신 주님의 얼굴을 볼 수 있음이 행복합니다.
오늘도 산에 오르며 하늘을 보며 중얼거리기도 하고
마음으로 대화하며 주님과 함께 할 수 있어서 행복했습니다.
가을은 기도의 계절이라 하지만
가을의 맑은 하늘처럼 우리의 마음도 맑고 탁 트였으면 좋겠습니다.

2014. 9. 29.

내 생의 가을

한 번밖에 살지 못하는
오늘을 나는 어떻게 살아야 할까
새벽 4시
거실에 방석을 깔고 앉아
눈을 감았다.
마음 깊은 곳에서 찬양의 고백이 나온다.

"주님의 뜻을 이루소서
고요한 중에 기다리니
진흙과 같은 날 빚으사
주님의 형상 이루소서

주님의 뜻을 이루소서
온전히 나를 주장하사
주님과 함께 동거함을
만민이 알게 하옵소서."

눈물이 흐른다.
마음에도 눈물이 흐른다.

늦가을 비가 밤사이에 내리기 시작하더니
한낮인 지금도 계속 내린다.
가을을 재촉하는 비가
내 이생의 가을을 생각하게 하는 것 같다.

2014. 10. 10.

창문을 통해 본 가을 하늘

아침저녁 날씨가 쌀쌀하다고 하지만
외출하지 못하고 있는 내게는 실감이 안 납니다.
어젯밤 밝은 달도 창문을 통해서 보고
오늘 낮 하늘도 창문을 통해서 봅니다.
하나님이 맑고 밝은 여유로운 하늘을 주신 것이
얼마나 감사한가 하고 생각하며 하늘을 봅니다.
내 마음이 늘 가을 하늘 같았으면 좋겠다는 생각과 더불어
모든 사람들의 마음도 가을 하늘처럼
맑고 밝고 탁 트이고 여유로웠으면
얼마나 좋을까 생각해 봅니다.
꽉 막힌 세상이 푸르고 시원하고 잔잔하기를 바라며
오늘 하루도 평안하기를 기도합니다.

2014. 10. 13.

가을바람

닫힌 창문 틈으로
가을이 바람으로 밀려든다.
태풍의 영향권 안에 있는 이 땅 어디에도
바람 없는 곳은 없을 테요
내 삶에도 바람은 올 것이지만
가을바람은
노인의 몸과 마음을 아프게 한다.
가을은 풍성해서 좋고
가을의 산과 숲은 화려해서 좋고
가을 하늘은 높고 푸르고 맑아서 좋고
투명한 하늘거울이
마음을 비추는 거울 같아서 좋지만
가을바람은 노인의 가슴에 스며들며
왜 휘적거리고 가는 것인지
가을바람이 불어도
서로 등을 기댈 사람 있으면
오히려 훈훈할 수도 있겠지만
외로운 노인에게는
몸보다 더 마음이 아프다.

| 김성환 목사님을 기억하며 |

박이석 목사(한강교회 시무, 고인의 매제)

2014. 10. 15.

입관예배

오늘 여기에 모인 분들은 김성환 목사님을 알고, 보고, 기억하고, 함께 사셨던 사람들입니다. 우리는 김성환 목사님의 갑작스런 소식을 듣고 모였습니다. 우리 하나님이 그리하셨습니다.

김 목사님이나 우리는 우리의 생명과 삶과 소망을 온전히 주께 맡긴 사람들입니다. 오래전에 우리는 주님의 은혜로 "흑암의 권세에서 그의 사랑의 아들의 나라로"(골 1:13) 옮겨진 사람들입니다. 우리 앞에는 이미 하나님의 나라가 열려 있습니다. 지금까지는 "몸을 가진 나"로 그 나라에 있었으나 얼마가지 않아 김 목사님처럼 몸을 벗고 그 나라에 있게 될 것입니다.

김 목사님은 주께로 먼저 가셨습니다. 흑암의 권세를 온전히 벗어나서 영생의 나라 생명의 나라로 가셨습니다. 주님이 변화 산에서 제자들에게 눈을 열어, 보게 해 주셨던 그 나라로, 일찍이 하나님의 사람들에게 보여 주셨고 우리에게도 은혜의 시간에 보여 주시는 그 나라로 먼저 가셨습니다. 오랫동안 기다리며 사모하시던 그 나라로 가셨습니다. 목사님은 먼저 가신 그 나라에서 주님의 영접을 받고 주님의 기쁨에 잔치에 함께하실 것입니다.

목사님은 그 나라에서 땅에 있는 자녀들과 우리를 응원하실 것입니다. 세상이 어떠하든지 어떤 일이 있든지 더 신실하게 주님을 따르라고, 그 길만이 사는 길이라고 말씀하실 것입니다. 이 시간이, 우리에게는 더 신실하게 주님을 따르라고 격려하시는 목사님의 마음을 깊이 헤아리는 시간이 되기를 바랍니다.

2014. 10. 16.

장례예배

사람은 누구나 주신 생명을 가지고 살아갑니다. 살아감은 사명입니다. 김 목사님 삶을 사신 분이십니다. 가난한 때도, 전쟁의 포화와 질병의 고통 속에서도, 여러 가지 시험과 유혹 속에서도 목사님은 하나님 앞에 사셨고 그리고 이기셨습니다. 그럼에도 그 마음에는 찬양과 감사가 가득 담겨 있어 늘 밖으로 터져 나왔습니다.

생명을 가진 한 사람 한 사람 다 소중합니다. 한 사람을 생각할 때, 그 사람이 어떤 사명을 가지고 살았느냐 하는 '사명'이 가장 중요합니다. 사명은 삶을 디자인하기 때문입니다.

목사님은 늘 주님을 향한 열정으로, 머무르지 않고 추구하며, 도전하며 사셨습니다. 동생으로, 후배로 종종 뵈었지만 개인적인 문제로 아파하시고 힘들어하시는 것은 보지 못했습니다. 아파하실 때는 늘 교회를 사랑하는 마음 때문이었습니다.

목회자가 교인들의 기억 속에 남아서 그리움과 사랑의 이야기가 되는 것은 흔한 일은 아닙니다. 목사님은 교인들 가운데서 이야기가 있는 목사님이셨습니다. 목사님에게 사랑 받은 이야기, 교인들이 아픔을 말씀드렸더니 자상하게 긴 편지를 보내주신 이야기…, 지난 목회지의 성도들이 때를 따라 기억하며 안부를 전해 오는 성도들 가운데 이야기가 있는 목사님이셨습니다.

목사님은 늘 나누어 주시기를 즐겨하셨습니다. 방문 때마다 늘 한 보따리 들려 주셨습니다. 말씀을 전할 때는 권위 있게 말씀을 전하시고, 때로는 관리인 같이 교회를 돌보셨습니다. 화단을 가꾸고, 꽃을 옮겨 심고, 수로를 고치셨습니다. 꽃과 여행을 좋아하셨던 분이셨습니다. 목사님은 사람 냄새 나는 목사님이셨습니다.

목사님은 바울 사도가 그리하셨던 것처럼 주님을 만나 가장 소중한 분으로 모시고, 주님을 사랑하며 사는 길을 걸어오셨고 감사와 기쁨으로 그 길을 걸으셨습니다. 바울 사도처럼 오직 달렸을 뿐입니다. 이제 목사님은 주님이 주신 면류관을 쓰시고, 그 나라에서 우리의 믿음 생활을 응원하는 증인들 가운데서 열렬히 우리를 응원하실 것입니다.

"우리에게 구름 같이 둘러싼 허다한 증인들이 있으니 모든 무거운 것과 얽매이기 쉬운 죄를 벗어 버리고 인내로써 우리 앞에 당한 경주를 하며 믿음의 주요 또 온전하게 하시는 이인 예수를 바라보자 그는 그 앞에 있는 기쁨을 위하여 십자가를 참으사 부끄러움을 개의치 아니하시더니 하나님 보좌 우편에 앉으셨느니라."(히브리서 12:1-2)

그날에, 우리도 주님 앞에 서는 그 영광의 날에 우리는 다시 목사님을 뵙게 될 것입니다.

못 다 한
이 야 기

SWEDISH